Bari Weiss
Wie man Antisemitismus bekämpft

Bari Weiss, geboren 1984, war Autorin und Redakteurin im Meinungsressort der *New York Times*. Bevor sie 2017 zur *Times* kam, war Weiss Redakteurin für Meinungsartikel und Buchrezensionen beim *Wall Street Journal*. Sie war ebenfalls bei *Tablet*, einem Online-Magazin für jüdische Politik und Kultur beschäftigt. Sie stammt aus Pittsburgh und lebt heute in New York City.
bariweiss.com
Twitter: @bariweiss

Titel der Originalausgabe: »How to fight antisemitism«

Wir danken dem AJC Berlin Lawrence & Lee Ramer Institute for German-Jewish Relations für die freundliche Unterstützung dieser Publikation

Edition
TIAMAT
Herausgeber:
Klaus Bittermann
1. Auflage: Berlin 2022

Printed in Germany
www.edition-tiamat.de
ISBN: 978-3-89320-291-1

Bari Weiss

Wie man Antisemitismus bekämpft

Eine Streitschrift gegen Geschichtsvergessenheit, Selbstgefälligkeit und Konfliktscheu

Aus dem Englischen von Mark Feldon

Critica Diabolis 308

Edition TIAMAT

»Verkünde Freiheit im ganzen Land
für alle seine Bewohner.«

LEVITICUS 25:10.
UND AUF DER FREIHEITSGLOCKE

Geleitwort

In einem Brief an die jüdische Gemeinde Newport im Jahr 1790 schrieb der erste Präsident der Vereinigten Staaten, George Washington: »Mögen die Kinder des Geschlechts Abrahams, die in diesem Land wohnen, auch weiterhin das Wohlwollen der anderen Bewohner genießen – während jeder in Sicherheit unter seinem eigenen Weinstock und Feigenbaum sitzen wird und es niemanden geben wird, den er fürchten muss.« Und in der Tat konnten Jüdinnen und Juden nach der Zerstörung des Zweiten Tempels in keinem anderen Land bis in die Gegenwart freier, sicherer und erfolgreicher leben. Dass dies insbesondere für die zweite Hälfte des 20. Jahrhunderts gilt, schildert Bari Weiss eindrücklich anhand ihrer eigenen Biografie im vorliegenden Buch.

Freilich bedeutet dies nicht, dass es in der Geschichte der Vereinigten Staaten keinen Antisemitismus gegeben hätte. Personen wie Father Coughlin oder Henry Ford, um nur zwei der bekanntesten Antisemiten der US-Geschichte zu nennen, haben erhebliche Anstrengungen zu seiner Popularisierung unternommen. Dennoch blieben antisemitische Agitatoren, wie die beiden genannten, historische Randfiguren und auch der Judenhass reichte in seiner Verbreitung nie an jenen der Alten Welt heran oder entwickelte sich gar zum ideologischen Kern einer Massenbewegung wie im nationalsozialistischen Deutschland.

Seit einigen Jahren gibt es aber in der jüdischen Gemeinschaft der USA eine Debatte darüber, ob das »Goldene Zeitalter«, gemeint ist vor allem die Zeit seit dem 2. Weltkrieg, vorüber sei. Auslöser dafür waren antisemitische Terroranschläge wie auf die *Tree of Life*-Synagoge in Pittsburgh 2018, die Heimatgemeinde der Autorin, auf die Synagoge in Poway, Kalifornien, im Jahr 2019 oder jener auf einen koscheren Lebensmittelmarkt in New Jersey im Jahr 2022, aber auch die insgesamt steigende Zahl von antisemitischen Straftaten.[1] Im Zentrum der Debatte steht die Frage, ob die gegenwärtige Zunahme des Antisemitismus eine vorübergehende Erscheinung im Zuge der starken gesellschaftlichen Polarisierung ist, oder ob sich etwas grundlegendes in der amerikanischen Gesellschaft verschiebt. Das vorliegende Buch erhebt keinen Anspruch darauf, diese Frage umfassend zu beantworten, dennoch beschreibt es die Entwicklung in den Vereinigten Staaten äußerst treffend. Und obwohl das Buch im englischen Original bereits im Jahr 2019 erschienen ist, haben die Beobachtungen und Analysen der Autorin nichts an Aktualität eingebüßt. Im Gegenteil sind sie aktueller denn je.

Von der erheblichen Verbreitung antisemitischer Verschwörungsmythen über den von Rechtsextremen angeführten Sturm auf das Kapitol am 6. Januar 2020, Angriffe auf Jüdinnen und Juden in Los Angeles und New York vor dem Hintergrund der erneuten militärischen Auseinandersetzung zwischen Israel und der Hamas im Mai 2021, bis hin zu den Aktivitäten der BDS-Kampagne und antisemitischer Vorfälle im Zuge der Black-Lives-Matter-Bewegung: all diese Entwicklungen bestätigen die Analysen der Autorin, dass die Gefahr des Antisemitismus, wie auch in Europa, von Rechtsextremisten, Islamisten und Teilen der politischen Linken ausgeht.

Für Weiss ist dabei gerade der Antisemitismus des linksliberalen Establishments indes nichts Theoretisches, sondern war einer der Gründe dafür, dass sie ihre Stelle als

Autorin bei der *New York Times* nach dem Erscheinen ihres Buches kündigte. So wurde sie etwa von Kolleginnen und Kollegen als »Rassistin« und »Nazi« beleidigt. In ihrem Abschiedsbrief an den Herausgeber begründete sie ihren Weggang aber auch damit, dass in der Redaktion Themen so ausgewählt würden, dass sie »nur eine eng begrenzte Zielgruppe zufriedenstellen, statt einer wissbegierigen Leserschaft zu erlauben, sich über die Welt zu informieren und dann ihre eigenen Schlussfolgerungen zu ziehen.« Dieses Absterben intellektueller Neugier, die Unfähigkeit und der Unwille zur Irritation oder auch nur die bloße Bereitschaft, Dinge zu lesen, die nicht deckungsgleich mit der eigenen Weltsicht sind, wie auch der damit einhergehende Illiberalismus, sind Ausdruck einer immer aggressiver werdenden Identitätspolitik, die, in Kombination mit den sozialen Medien, für die jüdische Gemeinschaft ein ernsthaftes Problem darstellt. Der Autor Bret Stephens bemerkt dazu treffend:

»Amerika versteht sich nicht mehr als Schmelztiegel oder Salatschüssel, um die alten Metaphern für Assimilation und kulturelle Vielfalt zu verwenden. Stattdessen werden wir zu einem Land der unnachgiebigen Binarität, in dem die Menschen entweder als ›farbig‹ oder ›weiß‹ eingestuft werden. Das Ergebnis ist, dass die große Mehrheit der jüdischen Amerikaner – diejenigen, die sich nicht als ›farbige Juden‹ identifizieren – in eine rassische Kategorie gedrängt werden, mit der sich nur wenige bewusst identifiziert haben, die den jüdischen kulturellen, religiösen und politischen Traditionen fremd ist und die seit Menschengedenken als ideologisches Werkzeug benutzt wurde, um Juden millionenfach abzuschlachten, eben weil wir nicht ›weiß‹ waren. Wenn Rasse tatsächlich ein soziales Konstrukt ist, wie die progressive Linke behauptet, dann ist das obszönste Konstrukt von allen sicherlich eines, das jüdische Amerikaner mit der Art von Menschen in einen Topf wirft, die in Charlottesville ›Juden werden uns nicht ersetzen‹ skandiert haben.«[2]

Vor dem Hintergrund dieser Entwicklung ist es daher wesentlich für das Verständnis, dass die Autorin zu Beginn des Buches konzise herausarbeitet, dass es sich beim Antisemitismus nicht um ein beliebiges Vorurteil oder eine Form des Rassismus handelt und unter diesem subsumiert werden kann, sondern um eine distinkte und irrationale Welterklärungsideologie. Auch wenn Weiss' vorliegende Ausführungen zunächst wenig Grund zu Optimismus bieten und deutlich machen, dass es bei der Bekämpfung des Antisemitismus großer Anstrengungen bedarf, so wäre es falsch, jetzt in die immer lauter erklingenden Abgesänge auf die USA einzustimmen. Denn kein Land der Welt hat in seiner Geschichte immer wieder die Fähigkeit zur Erneuerung bewiesen wie die Vereinigten Staaten. Weiss ist also zuzustimmen, wenn sie am Ende ihres Buches trotz aller beschriebenen Herausforderungen ganz im Sinne des Wunsches von George Washington ausführt: »Ich habe Vertrauen in die Grundsätze und Versprechen dieses Landes. Und ich bin überzeugt, dass wir immer noch eine außergewöhnliche Nation sind.«

Dr. Remko Leemhuis

Direktor, AJC Berlin Lawrence & Lee Ramer
Institute for German-Jewish Relations

1 Im Jahr 2020 waren 55% aller religiös begründeten Hassverbrechen antisemitisch motiviert, obwohl Jüdinnen und Juden weniger als 2% der Gesamtbevölkerung ausmachen. Quelle: https://crime-data-explorer.fr.cloud.gov/pages/explorer/crime/hate-crime

2 https://sapirjournal.org/continuity/2021/10/is-there-a-future-for-american-jews/

Kapitel 1

Aufwachen

»There is a shooter at tree of life.«

Die erste SMS erreichte mich um 10:22 Uhr über unseren Familien-Chat. Sie stammte von meiner kleinen Schwester Suzy. Ich antwortete sofort: »Ist Papa?«

Mit trockenem Mund wartete ich auf eine Antwort auf meine unvollständige Frage.

Meine Eltern wohnen anderthalb Meilen von der Tree of Life Synagoge entfernt. Drei Gemeinden nutzen das Gebäude, um am Morgen des Sabbats den Gottesdienst zu feiern. Manchmal nimmt auch mein Vater teil.

»Wir sind zu Hause«, schrieb meine Mutter. »Mach dir keine Sorgen.«

Casey, meine zweitjüngste Schwester, wusste mehr: »Magazin Hochleistungs-AK 47. Ihr Ehemann Doug, ein örtlicher Feuerwehrmann, folgt dem Polizeifunk.«

Jemand teilte einen Link zu den Psalmen – »Unsere Vorfahren vertrauten dir; sie vertrauten, und du hast die errettet« – heilige Verse, die Juden seit jeher in Zeiten großer Bedrängnis aufsagen. Mehrere Berichte deuteten auf eine Geiselnahme hin. Vorsichtige, von Hoffnung getriebene Mutmaßungen machten die Runde. Meine Mutter schrieb: »Ich bin sicher, dass wir Menschen kennen, die dort sind.«

Die Zeit verging kriechend. Ich schaltete CNN ein. Noch nichts. Alle paar Sekunden aktualisierte ich Twitter. Es gab Beiträge lokaler Quellen, die dazu rieten die Gegend zu meiden; Warnungen, die Polizei hätte diesen Teil des Viertels abgeriegelt; Spekulationen, dass der Schütze auf der Flucht sei. Ich musste an die Attentäter des Boston-Marathons denken, und wie einer der Zarnanjew-Brüder sich im Hinterhof eines Anwohners in einem Boot versteckt hielt. Ich sagte meinen Eltern, sie sollten das Haus nicht verlassen.

Kurz darauf erhielt ich WhatsApp-Nachrichten von guten Freunden aus Israel, wo der Schabbat gerade zu Ende ging – eine seltsame Umkehrung der Jahre der zweiten Intifada, als ich es war, der sich nach ihrer Sicherheit erkundigte.

Ich schaute erneut Nachrichten. Erste Berichte über eine Schießerei im Squirrel Hill-Viertel in Pittsburgh. Noch kein Name. Keine Opferzahl. Twitter aktualisieren.

Während die Minuten langsam verstrichen, zwischen Suzys erster SMS und dem Kauf eines Flugtickets in meine Heimatstadt, berichtete uns meine drittjüngste Schwester Molly, was sie im Polizeifunkt gehört hatte: »Er schreit, dass alle Juden sterben müssen.«

* * *

Ich wusste zu dem Zeitpunkt noch nicht, dass dieser Satz die Zeit in ein Vorher und ein Nachher einteilen würde. Es war ein Befehl, den in vergangenen Zeiten und in einer fremden Sprache bereits Amalek erteilte, als er den Schwächsten der alten Israeliten auf ihrem Weg durch die Wüste ins Gelobte Land nachstellte. Ein Befehl, der bei den Nachfahren Amaleks seinen Widerhall fand und der jetzt meine Generation erreicht hat. Ein Weckruf. Diese

Worte rüttelten mich auf und ließen mich erkennen, dass ich einen großen Teil meines Lebens Urlaub von der Geschichte gemacht hatte. In einem Kugelhagel war sie nun unzweifelhaft zurückgekehrt.

Aber diese Erkenntnis sollte erst später einsetzen. Am Morgen des 27. Oktober 2018 saß ich schweißgebadet in einem Hotelzimmer in Phoenix, trank lauwarmen Zimmerservice-Kaffee und teilte meinem Redakteur bei der Times mit, ich würde sofort eine Kolumne über die Ereignisse schreiben.

Zu dem Zeitpunkt kannte ich den Namen des Schützen, Robert Bowers, noch nicht und mir war auch nicht bekannt, was er auf dem sozialen Netzwerk Gab geschrieben hatte: »Es gibt kein #MAGA, so lange es eine Itzigplage gibt.«[1] Ich wusste da auch noch nicht, dass er Juden für die Sünde verantwortlich machte, Moslems nach Amerika zu bringen: »Öffnet eure Augen! Es sind die schmutzigen bösartigen Juden, die die schmutzigen bösartigen Moslems ins Land bringen!!«[2] Bowers hasste die Hebrew Immigrant Aid Society (HIAS), eine jüdische Organisation, die in den späten 1800er Jahren gegründet wurde, um aus Russland und Polen geflüchtete Juden umzusiedeln. Heute leistet sie die nicht minder ehrbare Arbeit, Juden und Nichtjuden gleichermaßen vor weltweiter Verfolgung zu schützen. Sein letzter Beitrag, bevor er das Gebäude betrat, lautete: »HIAS bringt gerne Invasoren ins Land, die unser Volk töten. Ich kann nicht zusehen, wie mein Volk abgeschlachtet wird. Ich scheiß drauf, was ihr denkt, ich

1 Im Original: »There is no #MAGA as long as there is a kike infestation« (A.d.Ü.)

2 Im Original: »Open you Eyes! It's the filthy EVIL Jews Bringing the Filthy EVIL Muslims into the Country!!« (A.d.Ü.)

gehe rein.[3]« Tree of Life war eine von 270 Synagogen im ganzen Land, die am Samstag zuvor den National Refugee Shabbat veranstaltet hatten. An diesem Morgen hatten amerikanische Rabbiner während des Gottesdienstes über ein grundlegendes und immer wiederkehrendes Thema der Bibel gesprochen: Unterdrückt den Fremden nicht, denn auch ihr wart Fremde im Lande Ägypten.

Das war, bevor ich im Altarraum der Synagoge stand und sah, wie ein FBI-Agent namens Nicholas Boshears in Tränen ausbrach, als er berichtet, was er in meiner Gemeinde gesehen hatte. Am Ende des Flurs waren seine Kollegen in weißen Overalls dabei, den Tatort zu reinigen und zu untersuchen: ein Gotteshaus übersät mit Hunderten von Patronenhülsen, getrockneten Blutlachen und winzigen Fleischstücken.

Das war, bevor mir Rabbi Daniel Wasserman in der Shaare Torah Synagoge in Squirrel Hill mit tränennassen, groß aufgerissenen Augen von dem berichtete, was er gesehen hatte. Als Mitglied der Chewra Kadischa – der heiligen Gemeinde – war er damit beauftragt, die Leichname gemäß dem jüdischen Brauch aufzunehmen.

»Ich habe Leichen in der Tahar gesehen«, der rituellen Reinigung, die vor dem jüdischen Begräbnis stattfindet, erzählte er mir. »Aber außer Sanitätern oder Soldaten in einem Kriegsgebiet, hat noch niemand so etwas zu Gesicht bekommen.« Für Robert Jones, dem für Pittsburgh zuständigen FBI-Agenten war es der »schrecklichste Tatort«, den er in zweiundzwanzig Jahren gesehen hatte.

Um seine Arbeit machen zu können, musste Rabbi Wasserman sein Hirn ausschalten. Und dennoch brannten sich

3 Im Original: »HIAS likes to bring invaders in that kill our people. I can't sit by and watch my people get slaughtered. Screw your optics, I'm going in.« (A.d.Ü.)

ihm die Bilder ein. Er berichtete mir, wie er den Körper von Cecil Rosenthal, einem herzlichen, geistig behinderten Mann, am Eingang der Synagoge gefunden hatte. Cecil kam immer besonders früh zu den Gottesdiensten, um die Gäste mit einem Lächeln und einem Gebetsbuch zu empfangen und ihnen die Plätze zuzuweisen.

Wassermann hatte auch Bernice und Sylvan Simon gesehen, die hier geheiratet hatten und in gegenseitiger Umarmung gestorben waren. »Er versuchte seine Frau zu beschützen«, schloss der Rabbiner von der Art, wie man ihre Körper aufgefunden hatte. Er erschauderte, als er mir erzählte, wie er ein Stück eines Schädels fand und sofort erkannte, zu welchem Kopf es gehörte, weil er genau wusste, wie der Mann sein Haar trug.

Das war, bevor wir die Namen kannten: die Rosenthals und die Simons und Joyce Fienberg und Richard Gottfried und Rose Mallinger und Jerry Rabinowitz und Daniel Stein und Melvin Wax und Irving Younger. Das war, bevor wir sie beerdigten.

Ich reichte meine Kolumne noch am selben Nachmittag ein. Am nächsten Morgen hielt ich die Rede, die der Grund für meine Reise nach Pittsburgh war. Eine freundliche Person aus dem Publikum setzte mir eine Baseballmütze der Pirates auf, die ich auch später noch trug, als ich den Flughafen durchquerte.

Erinnerst du dich daran, wie es sich anfühlte, als die Flugzeuge am 11. September in die Türme krachten? An jenem Morgen fuhr ich von der High School nach Hause. Die am Autofenster vorbeiziehenden gepflegten Rasen, sahen aus wie in Neonlicht getaucht. Autofahrer hielten an, um Passanten über die Straße zu lassen, die Ampeln funktionierten wie gewohnt und die Radiosender sendeten ihr übliches Programm. Mir wurde womöglich zum ersten

Mal in meinem Leben bewusst, dass nichts davon, weder die gepflasterten Straßen noch das fließende Wasser oder die liebevollen Eltern, die von der Arbeit nach Hause kamen und mich und meine Schwestern trösteten, selbstverständlich war. Nichts davon war sicher.

Das empfand ich auch, als ich am 28. Oktober den Flughafen von Phoenix durchquerte. Ich staunte über Leute, die der Starbucks-Kassiererin Bestellungen aufgaben. Ich beobachtete, wie eine junge Frau eine andere um ihr Ladegerät bat. Ich sah, wie sich Leute, ihre kleinen Rollkoffer hinter sich herziehend, höflich nach den ihnen zugewiesenen Nummern anstellten, um an Bord ihres Flugzeuges zu gelangen.

Alles wirkte wundersam, fragil. Erst als ich mich dreißigtausend Fuß über der Erde befand, auf der Heimreise nach Pittsburgh, ließen meine Tränen nach.

* * *

Ich hielt mich immer für eine der glücklichsten Jüdinnen der Geschichte.

Wer das Glück hatte, in der zweiten Hälfte des Jahrhunderts in Amerika zur Welt zu kommen, den Jahren des Überflusses für jüdische Bürger, konnte das so sehen. Die Krankenhäuser und Anwaltskanzleien, die Juden gründen mussten, weil die bestehenden sich weigerten, sie einzustellen, gehörten nun zu den angesehensten Einrichtungen des Landes. Außenseiter waren innerhalb weniger Jahrzehnte zu vollwertigen Mitgliedern der Gemeinschaft geworden, imstande nicht nur für die eigenen Rechte zu kämpfen, sondern auch denen beizustehen, die weiterhin diskriminiert wurden. Und all das, ohne ihren geräucherten Fisch oder Jom Kippur aufgeben zu müssen.

Dass ich die Gelegenheit hatte, genau in dieser Zeit in den Vereinigten Staaten zu leben, war in der Tat ein großes Glück. Wer religiös ist, kann es auch einen Segen nennen. Aber die Realität, die ich geerbt hatte, war mehr als nur ein reiner Zufall.

Den meisten Amerikanern meines Alters ist der Name des Predigers Charles Coughlin kein Begriff mehr. In den 1930er jedoch schalteten Woche für Woche rund dreißig Millionen Bürger ein, um seinen Reden zu lauschen, in denen er die Kristallnacht verteidigte und gegen Juden hetzte: »Wir sehen, wie die modernen Shylocks fett und reich geworden sind, gepriesen und vergöttert, weil sie das alte Verbrechen des Wuchers unter dem modernen Deckmantel der Staatskunst fortgesetzt haben.« Coughlin war so populär, dass seine Heimatstadt ein neues Postamt bauen musste, um die achtzigtausend Briefe bewältigen zu können, die er wöchentlich erhielt.

Henry Ford erhielt in *Mein Kampf* eine persönliche Würdigung und wurde 1938 mit dem Großkreuz des Deutschen Adlerordens, der höchsten Nazi-Auszeichnung für Ausländer, ausgezeichnet. Der leidenschaftliche Judenhass Fords, den er immer wieder durch seine Zeitung *The Dearborn Independent* verbreitete, war Hitler, der sogar ein Porträt des Autoherstellers besaß, eine große Inspiration.

1939, ein halbes Jahr vor Hitlers Einmarsch in Polen, versammelten sich mehr als zwanzigtausend Menschen im Madison Square Garden, um mit Transparenten für den Kampf der Nazis zu werben. »Wach auf, Amerika. Zerschlag den jüdischen Kommunismus« und »Stoppt die jüdische Herrschaft über christliche Amerikaner« konnte man auf ihnen lesen.

Mit anderen Worten: Antisemitismus war nicht nur ein deutsches oder europäisches Problem. Ideen, deren Umsetzung den Tod der europäischen Juden bedeutete, waren nicht nur in den Köpfen der »Sieg Heil!« rufenden Massen in Manhattan zu finden, sondern ebenso in der Eugenik-Bewegung und den Jim Crow Gesetzen, die in die amerikanische Gesellschaft einsickerten.

Ein bedeutender Teil der amerikanisch-jüdischen Freiheit, die ich genossen habe, war eine Reaktion auf das, was in den europäischen Bloodlands geschehen war. Das liberale Amerika der Nachkriegszeit, das nach dem Fall der Nazis entstand, wurde zu einem gerechteren Ort für Juden, weil die Welt, und insbesondere die Vereinigten Staaten aus der Geschichte gelernt hatten – nach der Ermordung von sechs Millionen.

Von den Juden, die in den zwei oder drei gesegneten Generationen geboren wurden, hatte ich es sogar noch besser als die meisten. Keiner meiner Großeltern hielt sich während des Zweiten Weltkriegs in Europa auf. Alle waren hier zur Welt gekommen und besuchten sogar die gleiche öffentlichen High School im Squirrel Hill Viertel, wo sich meine Eltern später kennenlernen und kurz darauf heiraten sollten. Auch nach Jahrzehnten lieben sie sich noch, obwohl (oder vielleicht gerade weil) sie sich ständig gegenseitig ins Wort fallen. Jeden Freitagabend verwandelte sich unser Haus beim Schabbat-Mahl in einen Salon, in dem wir mit zehn oder mehr Gästen über Politik, Nachrichten und das Judentum diskutierten. Meine Eltern mussten hart arbeiten, damit meine drei Schwestern und ich die jüdische Tagesschule besuchen und ins Sommerlager oder nach Israel reisen konnten.

Vor allem aber wuchs ich in einer Zeit auf, in der sämtliche, zuvor verschlossenen Türen von unermüdlichen, wütenden und aufrechten Feministinnen im Kampf für Gleichberechtigung aufgestoßen worden waren. Zumindest in der Theorie waren sämtliche Hürden, die meine Großmutter und meine Mutter daran hinderten, ihren Wünschen zu folgen, für mich überwindbar geworden.

Ich wuchs an einem Ort auf, den man ohne weiteres als urbanes Schtetl bezeichnen könnte. Es war uns bewusst, dass wir nicht die Extravagantesten oder Kultiviertesten waren, oder sonst wie herausstachen. Aber Snobismus stand uns ohnehin nicht. Wir waren *haimisch* – ein jiddisches Wort für alles Gemütliche, Heimelige und Bodenständige. Es könnte genauso gut das jiddische Wort für Pittsburgh sein.

Meine Bar Mitzvah fand 1997 in der Tree of Life Synagoge statt, dabei war die Zeremonie zunächst woanders geplant gewesen. Im Oktober zuvor hatte es in der Beth Shalom Synagoge, die meine Eltern regelmäßig besuchten und die weniger als eine Meile entfernt lag, gebrannt. Juden und Nichtjuden rannten gleichermaßen zum Unglücksort hin. Der Leiter von Beth Shalom sagte damals zu einem Journalisten: »Ich musste sie nicht suchen gehen. Sie kamen alle zu mir.« Wenn das alles ein wenig nach Mister Rogers[4] klingt, liegt das womöglich daran, dass Squirrel Hill auch seine Nachbarschaft war.

* * *

Ein weiser Lehrer sagte mir einmal, die gesamte jüdische Geschichte, beginnend mit dem Buch Exodus und später in aller Deutlichkeit nach Hitlers Völkermord, hielte zwei Lektionen für das jüdische Volk bereit. Die erste bestehe darin, zu überleben und die zweite, niemals zuzulassen,

4 Fred McFeely Rogers (1928 – 2003) war Autor, Produzent und Moderator der erfolgreichen Kindersendung »Mister Roger's Neighborhood«, die zwischen 1968 und 2001 ausgestrahlt wurde. (A.d.Ü.)

dass andere zu Sklaven werden, denn uns sei die Bitterkeit der vergangenen und modernen Sklaverei nur allzu vertraut. Es ist die Abwandlung eines Satzes aus dem ersten Jahrhundert, der dem weisen Rabbi Hillel zugeschrieben wird: »Wenn ich nicht für mich selbst bin, wer wird sonst für mich sein? Wenn ich nicht für mich selbst bin, was bin ich dann? Wenn nicht jetzt, wann dann?«

Über die erste Lektion musste ich mir nie Gedanken machen, denn ich war privilegiert und lebte in Sicherheit. Eines der Geschenke der modernen jüdischen Erfahrung ist, dass die jüdischen Werte der Offenheit die hartherzigeren Einstellungen fast vollständig verdrängt haben, weil man uns in den meisten Fällen mit offenen Armen empfing. Um das blanke Überleben mussten wir uns keine Sorgen mehr machen.

Es ist nicht so, als hätte es keine Überbleibsel aus einer hässlicheren, gewalttätigeren Vergangenheit mehr gegeben. Man machte etwa Witze, die vom Aufsammeln von Kleingeld handelten oder von Menschen mit Hörnern. Und es gab abfällige Kommentare von Mitschülern, ich solle zurück in die Küche gehen und ihnen ein Sandwich machen.

Als ich in der dritten oder vierten Klasse war, fuhr jeden Morgen der Bus der katholischen Schule vorbei, während meine Schwester und ich an unserer Haltestelle warteten. Einige der Kinder steckten ihre Köpfe aus den Fenstern und schrien: »Itzig[5]« und »Dreckige Juden«. Meine Haut brannte, und ich drückte die kleine Hand meiner Schwester Casey ganz fest. Wir mussten unsere Eltern fragen, was »Itzig« bedeutet, denn wir hatten diesen Ausdruck noch nie gehört. Das Geschrei hörte erst auf, als mein Vater in

5 Im Original: »Kikes« (A.d.Ü.)

den Bus stieg und die Kinder zurechtwies. Ich kann mich nicht daran erinnern, mich geschämt zu haben, als er das tat.

Jeder Zweig meiner Familie besitzt das gleiche Portrait meines Urgroßvaters Chappy Goldstein, ein ärmlicher Einwanderer, der in jungen Jahren als Fliegengewicht boxte. Auf dem Foto trägt er Boxershorts, auf denen ein großer Davidstern prangt. Ich war stolz darauf, mit ihm verwandt zu sein, so wie ich stolz darauf war, dass der Laden meiner Großeltern von einem Boykott bedroht war, weil sie in den 1970er Jahren die Busing-Bewegung[6] zur Integration der öffentlichen Schulen unterstützten. Meine Familie konnte zwar keine großen Torah-Gelehrten aufweisen, aber mir reichte es, von zähen Juden abzustammen, die stolz zu ihren Prinzipien standen.

Wir waren eine Familie von Nachrichtenjunkies, die sich ständig über Geschichte unterhielten. Deshalb war mir bewusst, dass wir zu den Glücklichen gehörten, dass alles auch viel schlimmer hätte sein können. Ich besuchte eine Schule, in der man uns von Menschen wie Hannah Senesh erfuhr, eine zionistische, ungarische Dichterin und Fallschirmjägerin, die von den Nazis gefoltert und hingerichtet wurde, und jedes Jahr am Jom HaShoah besuchten uns Überlebende, die Nummern auf ihren Armen trugen und uns von ihren Alpträumen erzählten.

Aber mir war auch bewusst, dass alles viel schlimmer sein konnte, weil ich sah, was sich in anderen Teilen der Welt ereignete. Ich sah die Bilder von Bussen, die Selbstmordattentäter in Jerusalem gesprengt hatten. Ich sah das

6 Die Beförderung von Kindern einer bestimmten Herkunft in eine Schule, in der eine andere ethnische Gruppe dominierend ist. Busing wurde als Mittel zur Integration und zur Gewährung gleicher Bildungschancen staatlich gefördert. (A.d.Ü.)

Youtube-Video von Daniel Pearl aus Pakistan. Seine letzten Worte, bevor man ihn enthauptete: »Mein Vater ist Jude, meine Mutter ist Jüdin, ich bin Jude.«

Ich war Studentin an der Columbia University, als ich von Ilan Halimi erfuhr, der damals mit seinen 23 Jahren gerade mal ein Jahr älter als ich war. Er lebte in Paris, einer der kosmopolitischsten Städte der Welt, war gesund, gutaussehend und besuchte jeden Freitagabend seine Mutter Ruth, eine Einwanderin aus Marokko, zum Schabbat-Mahl. Am 21. Januar 2006 wurde Halimi von einer Bande, die sich selbst Gang der Barbaren nannte, entführt, weil sie Geld bei ihm vermuteten. Tatsächlich lebten seine geschiedenen Eltern bescheiden, und er hatte bloß einen Job als Handyverkäufer. Aber die Bande war sich sicher, er sei reich, denn er war schließlich Jude.

Vierundzwanzig Tage lang folterten sie den jungen Mann. Sie schickten Videos davon an seine Familie. Halimi wurde nackt und mit Handschellen gefesselt in der Nähe der Eisenbahngleise in Essonne, etwa fünfzehn Meilen südlich von Paris, gefunden. Er war völlig verstümmelt: Er wies mindestens drei Stichwunden auf und der größte Teil seines Körpers war mit Zigaretten und Säure verbrannt worden. Er starb noch im Krankenwagen auf dem Weg in die Notaufnahme.

Nicht minder erschreckend als die Taten der Barbarenbande war die beharrliche Weigerung der französischen Behörden, das Verbrechen als das zu bezeichnen, was es war. »Es gibt kein einziges Element, das darauf schließen lässt, dass dieser Mord mit einem antisemitischen Ziel oder einer antisemitischen Tat in Verbindung steht«, so die Schlussfolgerung des Untersuchungsrichters in einer offiziellen Erklärung.

Wie der französische Schriftsteller Marc Weitzmann in

seinem neuen Buch *Hate*[7] belegt, gab es eine überwältigende Anzahl solcher Hinweise. Es handelte sich nicht um eine zufällige Entführung zur Erpressung von Lösegeld, sondern um ein bösartiges Hassverbrechen, das von einer über zwanzigköpfigen Bande junger Leute unter der Führung eines unverblümten Antisemiten namens Youssouf Fofana verübt wurde. Aber der Preis diese Wahrheit auszusprechen, wurde als zu hoch angesehen. Das Land war daran gescheitert seine Bürger zu schützen, Moslems zu assimilieren, die Gesetzlosigkeit in den Vorstädten und die Balkanisierung der Gesellschaft zurückzudrängen, vor allem aber den mörderischen Judenhass zu bekämpfen. Am Ende wurde Ilan Halimi ermordet und anschließend geopfert, um Frankreichs Selbsttäuschung nicht zu gefährden.

* * *

Diese trügerische Hoffnung wurde dreizehn Jahre später zerschlagen. Im Februar jenes Jahres, am ersten Todestag Halimis, wurde der Baum, der zu seinem Gedenken in Paris gepflanzt worden war, von antisemitischen Vandalen gefällt. Der Wahn, der Halimis Mörder antrieb, ist mutiert und hat sich in ganz Europa ausgebreitet.

Die Pariser Juden mussten den Mord an Mireille Knoll, einer fünfundachtzigjährigen Holocaust-Überlebenden, die mit elf Messerstichen in ihrer Wohnung niedergestochen und anschließend verbrannt wurde, miterleben. Und davor die Ermordung Sarah Halimis (nicht mit Ilan verwandt), einer fünfundsechzigjährigen jüdischen Mutter von drei Kindern, die zu Tode geprügelt und aus dem Fens-

7 Marc Weitzmann, Hate: The Rising Tide of Anti-Semitism in France (and what It means for us). Paris 2019.

ter geworfen wurde. Wenn französische Juden an Toulouse denken, müssen sie daran denken, wie aus nächster Nähe auf Kinder der Ozar-Hatorah-Schule geschossen wurde. Und die Juden in Berlin wissen, dass man verprügelt werden kann, wenn man Kippa trägt oder sich in der Öffentlichkeit auf Hebräisch unterhält.

Die Juden Stockholms und Malmös wissen, dass die Synagoge, in der sie sich aufhalten, jederzeit Ziel eines Brandanschlages werden kann.

Die Juden in Brüssel wissen, dass das Jüdische Museum nicht nur eine Touristenattraktion ist, sondern auch ein Ort, an dem Juden ermordet wurden.

Die Juden in London wissen, dass Jeremy Corbyn, der [ehemalige] Vorsitzende der Labour-Partei und mögliche künftige Premierminister des Vereinigten Königreichs, die völkermordenden Terrorgruppen Hamas und Hisbollah als seine »Freunde« bezeichnet.

Die Juden Warschaus mussten erleben, wie die Regierung eines Landes, in dem einst drei Millionen Juden lebten und heute nur noch zehntausend, ein Gesetz erließ, das es unter Strafe stellt die Kollaboration mit den Nazis zu thematisieren.

Ganz zu schweigen von den ständigen Friedhofschändungen, der Dämonisierung von Juden in der Presse und durch Politiker, oder den antiisraelischen Demonstrationen auf denen man uns ungestraft als »Affen und Schweine« beschimpft. Auf den Straßen von Städten wie London und Paris werden Juden verflucht, geschubst und bespuckt. Einige von ihnen sind meine Freunde.

Wir schreiben das Jahr 2019 und es leben immer noch Überlebende des Holocaust unter uns, die die gleichen Straßen entlanglaufen, auf denen sie einst zusammengetrieben wurden. So sieht die Realität aus: Ein erkennbarer

Jude zu sein – ein religiöser Jude, ein Zionist oder auch nur eine Person mit einem jüdischen Nachnamen oder einem jüdisch aussehenden Gesicht – bedeutet in manchen der vornehmsten europäischen Städte zusehends, sich physischen Gefahren auszusetzen. Es ist verständlich, dass so viele Juden sich entschieden haben, ihr Leben im Verborgenen zu führen. Manche haben sichtbare Zeichen entfernt: Mezuzot von den Türpfosten, Kippot vom Kopf, Davidstern vom Hals. Andere ziehen es vor ihre Ansichten zu bestimmten Themen, vor allem wenn es um Israel geht, für sich zu behalten. Eine kürzlich von der Agentur der Europäischen Union für Grundrechte durchgeführte Umfrage ergab, dass 41 Prozent aller Juden im Alter zwischen 16 und 34 Jahren eine Auswanderung in Erwägung ziehen, »weil sie sich als jüdische Person nicht sicher fühlten«.

Wie ich im November 2018 in einer *Times*-Kolumne schrieb, versuchen die Juden in Europa einen dreiköpfigen Drachen zu erlegen. Da ist zum einen die physische Angst vor gewalttätigen Übergriffen, oft durch junge islamistische Männer, die viele Juden dazu veranlasst, ihre religiöse Identität zu verheimlichen. Dann die moralische Angst vor ideologischen Angriffen, vor allem durch die extreme Linke, die dem jüdischen Staat die alleinige Schuld am Konflikt zwischen Israel und den Palästinensern zuschreibt und daher manche Juden dazu bringt, ihre Sympathien für Israel herunterzuspielen oder sich ganz von ihm abzuwenden. Und drittens gibt es eine tiefgehende, politische Angst vor dem Wiederaufleben von Faschismus und Populismus, was zu kognitiven Dissonanzen führen kann, da zumindest einige der europäischen Neofaschisten und Populisten gleichzeitig Sympathie für Israel wie eine offene Feindschaft gegen Moslems bekunden.

Oftmals vermischen sich diese drei Bedrohungen wie

kürzlich in Paris, als der Intellektuelle Alain Finkielkraut beim Überqueren einer Straße an einer Gruppe von Gelbwesten-Demonstranten vorbeikam, die ihn als »dreckigen Juden«, »zionistischen Scheißer« und »Faschisten« beschimpften. Sie forderten ihn auf: »Geh heim nach Israel, nach Tel Aviv!« Finkielkraut ist der Sohn polnischer Holocaust-Überlebender, denen man damals vermutlich das Gleiche gesagt hatte.

Die Angreifer wussten von dem Philosophen Finkielkraut vermutlich kaum mehr, als dass er Jude ist. Ich bin mir sicher, dass ihnen nicht bewusst war, dass er vor einigen Jahren zum Mitglied der Académie Française ernannt wurde. Die vierzig Mitglieder der Académie werden auch als die Unsterblichen bezeichnet, so wichtig sind diese Personen für die französische Kultur. Finkielkraut nimmt Platz auf dem Sessel mit der Nummer 21.[8] Dieser Angriff auf Finkielkraut lässt mich an den furchtbaren Fauxpas denken, der Premierminister Raymond Barre 1980 nach dem Bombenanschlag auf eine Pariser Synagoge, bei dem eine Jüdin und drei weitere Menschen ums Leben kamen, live im Fernsehen unterlief: »Dieser verabscheuungswürdige Terroranschlag galt Juden, die auf dem Weg zur Synagoge waren, traf aber unschuldige französische Passanten.« Der Premierministers Frankreichs ließ die Öffentlichkeit also wissen, die französischen Juden seien weder frei von Schuld noch vollwertige Franzosen und im Gegensatz zu einfachen Passanten legitime Ziele. Indem sie ihre Wut auf den Juden Alain Finkielkraut richteten, wie sie es sicher wieder tun werden, griffen die Gelbwesten unwissentlich das Herz der französischen Kultur an.

8 Die Akademie française, die 1634 von Kardinal Richelieu ins Leben gerufen wurde, ist eine der prestigeträchtigsten Einrichtungen des Landes. Die Zahl der Mitglieder beträgt heute vierzig. (A.d.Ü.)

* * *

Aus drei Gründen ging ich davon aus, dass dieser Krebs in den Vereinigten Staaten keine Metastasen bilden würde.

Ein Grund liegt in der besonderen Natur Amerikas. Mit ihrem Versprechen der Rede- und Religionsfreiheit, ihrem Beharren auf der Gleichheit aller Menschen, ihrer Toleranz gegenüber Differenzen, ihrer Betonung gemeinsamer Werte statt gemeinsamer Abstammung stellten die Vereinigten Staaten trotz all ihrer Fehler ein neues Jerusalem für das jüdische Volk dar.

Wir reden von einem Land, dessen erster Präsident 1790 in einem Brief der hebräischen Gemeinde in Newport, Rhode Island den Juden sowohl »Gewissensfreiheit wie Bürgerrechte« zusicherte. Er schrieb: »Jetzt wird nicht mehr von Duldung gesprochen, so als ob eine Klasse von Menschen die Ausübung ihrer angeborenen natürlichen Rechte nur aufgrund der Nachsicht der anderen genießt.« George Washingtons radikales Versprechen sah vor, dass die Juden im neuen Amerika nicht mehr bloß Bürger zweiter Klasse sein würden. Vielmehr sollte ihre Freiheit so selbstverständlich sein wie die aller anderen Staatsbürger – also aller Personen, die damals als vollwertige Menschen angesehen wurden. Der Bürgerkrieg, der später geführt wurde, um dieses Versprechen zu erfüllen, lag da noch siebzig Jahre entfernt.

Dass die Juden hier prosperieren konnten, wie in keiner anderen Diaspora, ist kein Zufall, sondern liegt in der Natur der nationalen Gründungsidee. Die amerikanischen Gründerväter waren dem »Alten« Testament ebenso zugetan wie dem Neuen. In dem Brief von 1790 zitierte Washington, wie in so vielen seiner Schriften, ausgiebig aus der Bibel. Es findet sich in ihm ein Satz des Propheten

Micha, der später auch in Lin-Manuels Musical *Hamilton* zu hören war: »Mögen die Kinder des Stammes Abrahams, die in diesem Land wohnen, weiterhin das Wohlwollen der anderen Bewohner verdienen und genießen – während ein jeder in Sicherheit unter seinem eigenen Weinstock und Feigenbaum sitzen wird und es niemanden geben wird, der ihn in Angst versetzt.«

Die Puritaner begriffen sich selbst als Teil eines modernen Exodus. Auch sie waren eine kleine Schar von Bilderstürmern auf der Flucht vor der Tyrannei; auch sie hatten ein Meer überquert; auch sie waren entschlossen, ihrem Gott in einem verheißungsvollen Land in Freiheit zu huldigen. So sehr identifizierten sie sich mit den Israeliten, dass Benjamin Franklin vorschlug, den das Meer teilenden Moses auf dem Landessiegel abzubilden. Wie Rabbiner Meir Soloveichik 2018 in einer brillanten Rede hervorhob, blickten die Gründer Amerikas im Gegensatz zu den Europäern eher fasziniert als neidisch auf die »wundersame Geschichte der Juden«. Die eigene Geschichte sah man »nicht als Ersatz für das biblische Israel, sondern als dessen Spiegelbild.« Lincoln brachte diesen Gedanken perfekt auf den Punkt, als er die Amerikaner ein »beinahe auserwähltes Volk« nannte.

Und das ist auch der Grund warum »Amerika mit biblischen Ortsnamen wie Jerusalem, Shiloh, Zion, Canaan und Goshen übersät ist«, wie der deutsche Schriftsteller Josef Joffe einmal bemerkte. In Europa hingegeben »gibt es nirgends ein Shiloh«.

Der zweite Grund, warum ich glaubte, der Antisemitismus könne in diesem Land und in dieser Zeit nicht gedeihen, liegt in der Existenz des Staates Israel und seiner engen Allianz mit Amerika begründet.

Seit der Zerstörung des Zweiten Tempels durch die Römer gab es keine bessere Epoche für Juden als die letzten siebzig Jahre. Das liegt an dem Wunder der Wiedererlangung politischer Souveränität. Für die Millionen von Juden aus der moslemischen Welt, der ehemaligen Sowjetunion und Äthiopien war ein wahrhaft sicherer Hafen entstanden: Israel nahm Millionen auf und ermöglichte es ihnen, in Freiheit zu leben. Und wer nicht nach Israel fliehen musste, um sich in physische Sicherheit zu bringen, dem bot das Land auch eine tiefreichende psychologische Sicherheit. Mit anderen Worten: Israel erfüllte seine Aufgabe so gut und so schnell, dass weniger gebildete und historisch unbelesene amerikanische Juden heute denken, es sei normal, dass wir Einfluss haben. Dass dieser Zustand jedoch alles andere als der Normalfall ist, lässt sich aus der jüdischen Geschichte lernen. Einer Geschichte, in der nichts dafür spricht, dass das mächtigste Land der Welt sich einmal mit dem jüdischen Staat verbünden würde. Nicht nur der intensive geheimdienstliche Austausch, die Zusammenarbeit in Sicherheitsfragen und die selbstbewusste politische Rhetorik zeugten von einer besonderen Beziehung. Sie wurde vor allem durch die überwältigend positiven Gefühle deutlich, die Amerikaner Israel gegenüber hegten.

Der dritte Grund ist, dass sich die gesellschaftlichen Zustände in den USA stark von den europäischen unterscheiden. Wir haben keinen massiven Zustrom von Flüchtlingen und Migranten aus Ländern, in denen Antisemitismus (ganz zu schweigen von Frauenfeindlichkeit und Homophobie) die Norm ist, auch wenn Donald Trump das Gegenteil behauptet. Wir haben auch keine Geschichte von antijüdischen Pogromen oder Völkermord. Zudem ist die Religionsfreiheit ein wesentlicher Bestandteil des amerikanischen Projekts.

Und doch höre ich tief in mir eine Stimme Fragen stellen, die auch meine jüdischen Mitbürger umtreibt und die sich Juden zu anderen Zeiten und an anderen Orten immer wieder stellen mussten: Kann es auch hier geschehen? Tut es das gerade?

Wenn man Umfragen Glauben schenkt, dann besteht die Antwort in einem deutlichen »Nein«. Etwa 74 Prozent der Amerikaner haben eine positive Einstellung zu Israel. Laut einer Pew-Umfrage aus dem Jahr 2017 gibt es keine religiöse Gemeinschaft, für die Amerikaner größere Zuneigung empfinden als Juden. Wir werden so sehr geliebt, dass Nichtjuden uns sogar heiraten wollen: Rund 70 Prozent der nicht-orthodoxen Juden tun dies heute außerhalb ihrer Gemeinschaft.

Die Zahlen scheinen also positiv zu sein. Aber Zahlen prophezeiten 2016 auch den Einzug Hillary Clintons ins Weiße Haus.

Die Wahrheit ist, dass tiefgreifende kulturelle und politische Kräfte auf der rechten und linken Seite das Land verändern, mit weitreichenden Folgen für eine Gruppe, die weniger als zwei Prozent der Bevölkerung ausmacht. Und das Wirken dieser Kräfte verleiht den weiter oben gestellten Fragen eine zunehmende Dringlichkeit.

Wir leben in einer Zeit, in der unsere Mitte von den Extremen der ethnonationalistischen Rechten und der antikolonialistischen Linken verbogen und verzerrt wird. Das Zentrum hält nicht mehr zusammen[9]. Mit jedem Tag, so scheint es, erodiert das Vertrauen in liberale Institutionen und Werte – Respekt für die Redefreiheit, Glaube an die offene Gesellschaft und die Bedeutung von Einwande-

9 Die Zeile »Things fall apart; the centrer cannot hold« stammt aus dem Gedicht The Second Coming von William Butler Yeats (1865 – 1939).

rung, Vertrauen in demokratische Institutionen, Bewunderung für Wissen und Vernunft.

Wir leben in einer Zeit, in der der außenpolitische Konsens – das überparteiliche Bekenntnis zur NATO und zur liberalen internationalen Ordnung – von Neo-Isolationisten wie der Demokratin Tulsi Gabbard und dem Republikaner Rand Paul ausgehöhlt wird. Politiker, die eine grundlegende Transformation der Rolle Amerikas im Ausland anstreben, einschließlich seines langjährigen Bündnisses mit Israel.

Besonders erschreckend ist, dass wir in einer Zeit leben, in der der verrückte Rand im Mainstream angekommen ist. Ein Vorgang, der von Politikern unterstützt und von normalen Bürgern in den Sozialen Medien wie ein Virus verbreitet wird. Die Juden werden zusehends zu einer Parallelgesellschaft. Wir sind gezwungen, folgenreiche Kompromisse einzugehen, um Anschluss zu finden und uns nicht in der politischen Obdachlosigkeit wiederzufinden. Wir werden von Menschen gegeneinander ausgespielt, die nur manche Juden für »gute Juden« halten, denen man Vertrauen und Akzeptanz entgegenbringen kann. Und wir tun uns gegenseitig dasselbe an, um unseren politischen Verbündeten unsere Reinheit zu beweisen.

Vielleicht gibt es kein besseres Sinnbild für die finstere Epoche in der wir leben als Donald Trump. Im Juli 2019 forderte er vier Abgeordneten der demokratischen Partei – drei wurden in diesem Land geboren, die vierte ist eine eingebürgerte Staatsbürgerin, die geschworen hat, die Verfassung zu schützen – zur Rückkehr in ihre »völlig kaputten und von Kriminalität verseuchten Länder, aus denen sie hergekommen sind« auf. Damit entfesselte der Präsident dieselben hässlichen, tribalistischen Mächte, die auch jene französischen Antisemiten dazu brachten Finkielkraut zur

Rückkehr nach Israel aufzufordern. Dabei wurde Amerika gegründet, um diese Regungen zu überwinden. Trumps rassistische Unterstellung einer doppelten Loyalität, enthielt auch eine Verteidigung Israels, was dem Land aber einen Bärendienst erwiesen haben dürfte. Und obwohl einige der von ihm angegriffenen Abgeordneten selbst den Vorwurf der doppelten Loyalität gegenüber israelsolidarischen jüdischen Bürgern und Parlamentariern erhoben hatten, ist die hinterlistige Unterstellung einer bloß vorrübergehenden Zugehörigkeit zur Nation der falsche Weg, diese weit verbreitete antijüdische Anschuldigung zu bekämpfen. Juden und Israel dienen immer wieder als Mittel zum Zweck und in diesem Falle bestand der Zweck in der Ablenkung von Trumps eigenen Rassismus.

Diese gefährliche Entwicklung ruft die Szene aus Joachim Fests Berliner Kindheitserinnerungen *Ich nicht* in Erinnerung, in welcher der Vater, ein überzeugter Katholik und unerbittlicher Gegner der Nazis, seine jüdischen Freunde in den 1930ern anfleht, Deutschland zu verlassen. Seine jüdischen Freunde galten ihm aufgrund ihrer »Selbststrenge, ihrer stillen Korrektheit und unsentimentalen Bravour« als die »letzten Preußen«. Sie besaßen nur einen Fehler, der ihnen zum Verhängnis wurde: »Dank ihrer überwiegenden Bestimmung vom Kopfe her besaßen sie im toleranten Preußen den Gefahreninstinkt nicht mehr, mit dem sie durch die Zeiten gekommen waren.«[10]

Gott sei Dank leben wir nicht im Europa der 1930er Jahre. Aber ich fürchte, dass die Juden Amerikas, die sich selbst als Diaspora begreifen, ebenfalls ihren – unseren – Instinkt für die Gefahr verloren haben.

10 Joachim Fest, Ich nicht. Erinnerungen an eine Kindheit und Jugend, Frankfurt am Main 2006.

Andere Autoren haben meisterhafte Bücher über die Geschichte der antisemitischen Krankheit geschrieben. Für mich besteht das Hauptziel darin, uns wachzurütteln, damit wir das zurückgewinnen können, was die Freunde von Joachim Fests Vater verloren hatten. Wenn die blutigen Jahre, die auf seine Warnung folgten, etwas unwiderlegbar bewiesen haben, dann ist es das: was mit den Juden beginnt, endet niemals einfach bei ihnen. Minderheiten können ihre Zeit und ihre Aufmerksamkeit sicherlich sinnvoller nutzen, als mit der permanenten Beschäftigung mit ihren Feinden. Aber ich finde, dass es sehr wichtig ist, den Wahn in all seinen Ausdrucksformen zu verstehen und zu analysieren. Wenn man den Antisemitismus begreift, impft man sich gegen eine Ideologie, die keinem kritischen Denken standhält. Aus dem Grund muss seine Bekämpfung damit beginnen, dass man sich einen Begriff von ihm macht. Und, dass wir ihn bekämpfen müssen, steht fest.

Es ist wichtig, sich von Anfang an deutlich zu machen, was bei diesem Kampf auf dem Spiel steht. Was wir beschützen, ist nicht nur das jüdische Volk, es geht ebenso um die Zukunft eines Landes, das der Menschheit versprach, ein neues Jerusalem zu sein.

Mir ist bewusst, dass viel von dem was ich hier schreibe, mir keine neuen Anhänger bescheren wird. Auch nicht unter den Quietisten in meiner eigenen Gemeinschaft, die denken, die Lösung für unsere gegenwärtigen Probleme bestehe darin, hinter den Kulissen zu arbeiten, sich in Gremien zu engagieren, Dialoggruppen und Workshops zu organisieren in der Hoffnung, das Rad langfristig zurückdrehen und einen neuen Konsens aufbauen zu können. Ebenso wenig werde ich Lob aus Kreisen erhalten, die befürchten von besonders aufgeklärt scheinenden Menschen an den Pranger gestellt zu werden.

Sei's drum.

Dieses Buch richtet sich an alle, die nicht an modischen Trends interessiert sind, sondern an der Wahrheit. Dieses Buch ist für jeden, ob Jude oder Nichtjude, der die Freiheit liebt und sie zu schützen sucht. Es ist für jeden, ob Jude oder Nichtjude, der das, was sich in diesem Land und der restlichen Welt zusammenbraut, nicht ignorieren kann und etwas dagegen tun möchte.

Dass ein Jude einen Sturm heraufziehen sieht und mit einem Buch vor dessen Folgen warnt, ist nicht neu. Es ist eine ältere Tradition, von der ich nicht dachte in diesem Jahrhundert Gebrauch machen zu müssen.

Und doch stehe ich hier – eine Jüdin, eine Amerikanerin, eine Zionistin und eine stolze Tochter Pittsburghs – und erhebe den alten-neuen Ruf mit aller Kraft in der Hoffnung, dass er euch erreicht und euch keine andere Wahl lässt, als mit in die Schlacht zu ziehen.

Kapitel 2

Eine kurze Geschichte

Jeder ernstgemeinte Kampf beginnt mit der Einschätzung des Gegners. Was sind seine Stärken und Schwächen? Was ist sein Kampfstil? Wem gelang es in der Vergangenheit ihn zu bezwingen und wer unterlag ihm?

Antisemitismus wird von Menschen mit infamen Absichten angetrieben und von der Unwissenheit der Wohlmeinenden genährt. Wer ihn erfolgreich bekämpfen möchte, muss im Stande sein, ihn genau erkennen und beschreiben zu können.

Das erste Problem besteht darin, dass es sich bei diesem besonderen Feind nicht um eine Person oder gar um eine Gruppe von Menschen handelt. Er ist nicht einmal eine feststehende Idee oder eine besondere Theorie. Der Antisemitismus ist eine sich ständig wandelnde Weltanschauung, die sich in dem Moment verflüchtigt, in dem man glaubt, sie fest im Griff zu haben. Dadurch ist sie ihren Verfolgern immer ein paar Schritte voraus.

Das zweite Problem besteht darin, dass nicht klar ist, wogegen sich diese vielgestaltige Weltanschauung eigentlich richtet. Manchmal scheint es, als bestünde ihr Ziel in der Vernichtung einer bestimmten Religion. Zu anderen Zeiten jedoch, hat sie es auf die Zerstörung einer Kultur, einer Gruppe von Personen oder aber eines Staates abgesehen. Dies führt zu weiteren Komplikationen: Was genau greift der Antisemit an? Oder anders ausgedrückt: Was genau ist das Judentum?

Die meisten Amerikaner, einschließlich vieler amerikanischer Juden, verstehen das Judentum als eine Religion oder als eine Ethnie, weil das die modernen Kategorien sind, mit denen wir die Welt begreifen. Das Christentum ist ein Glaube, Latino bezeichnet eine Ethnie und so weiter. Aber das Judentum (und die Kraft, die sich ihm entgegenstellt und die wir heute Antisemitismus nennen) ist viel älter als diese Begriffe. Das Judentum widersetzt sich diesen Konstruktionen, obschon manche versuchen es mit Macht in sie hineinzuzwingen.

Das Judentum ist nicht bloß eine Religion oder eine Ethnie, sondern auch ein Volk. Genauer gesagt, ist es ein Volk mit einer Sprache, einer Kultur, einer Literatur und einer bestimmten Reihe von Ideen, Glaubensvorstellungen, Texten und Rechtspraktiken. Andere Worte dafür sind »Zivilisation« oder »Stamm«. Wer sich heutzutage aber als Angehöriger eines Stammes bezeichnet, wird, wenig verwunderlich, vor allem Stirnrunzeln provozieren.

Dieses Missverständnis über das Judentum liegt zum großen Teil an dem glücklichen Umstand, dass die Juden in den Vereinigten Staaten weithin akzeptiert werden. Viele amerikanische Juden besitzen selbst kein wirkliches historisches Verständnis für ihre Herkunft. Das Judentum ist für sie ein Kästchen, das sie ankreuzen. Womöglich bezeichnen sie sich als ein Volk, das eine besondere Leidenschaft für Jerry Seinfeld oder Hummus hat, was zwar nicht falsch ist, aber doch einige wichtige Dinge ausspart.

In normalen Zeiten ist dieses Missverständnis über das Wesen des Judentums oder des jüdischen Volkes nicht sonderlich relevant. Dass die genaue Bedeutung dieser Begriffe im Dunklen bleibt, betrifft den Alltag der Menschen nur wenig. In Zeiten eines zunehmenden Antisemitismus kommt dieser Unklarheit jedoch eine beträchtliche Bedeutung zu, denn man kann sich nicht erfolgreich zur Wehr setzen, wenn man nicht weiß, wer man ist und wofür man kämpft.

Der weitverbreitete Irrtum, Antisemitismus sei eine Form von Rassismus, hat seinen Ursprung in der Tatsache, dass sich der Rassismus im Zentrum der inneramerikanischen Auseinandersetzung befindet. Die größte Schande und Ungerechtigkeit in der amerikanischen Geschichte war die Sklaverei; die größte Wiedergutmachung eines Unrechts war die Abschaffung der Sklaverei; und eines unserer größten Probleme in der Gegenwart ist die anhaltende Rassenungleichheit.

Darüber hinaus haben sich Juden schon immer den kulturellen Gepflogenheiten der Gesellschaft angenähert und diese übernommen. Wir waren bereit, wissentlich oder unwissentlich unsere eigene Geschichte und unsere eigene Identität in einer leicht verzerrten Form wiederzugeben, um für unsere Nachbarn verständlich zu sein. Je nach Kontext haben wir es gestattet, dass man uns als Religionsgemeinschaft oder auch, wie zum Beispiel in den Vereinigten Staaten, als ethnische Gruppe wahrnimmt.

Außerdem: Wenn man Antisemitismus als eine Form von Rassismus gegenüber eine Minderheitengruppe beschreibt, und amerikanische Juden mehrheitlich als weiß angesehen werden, welchen Rang in der Hierarchie der rassistischen Unterdrückung nehmen sie dann ein?

Die logische Antwort lautet: einen der untersten. Gab es in Maryland Gesetze, die Juden das Bekleiden öffentlicher Ämter untersagten? Ja. Ist das gleichzusetzen, mit dem Kaufen und Verkaufen von Menschen im Old Line

State[11]? Ganz und gar nicht. Verwehrt man heutzutage Juden Zutritt zu manchen Country Clubs? Ja. Werden Juden aufgrund eines unveränderlichen Körpermerkmals ausgesondert oder durch staatliche Behörden diskriminiert? Nicht im Geringsten. Wenn Antisemitismus einfach eine Unterkategorie des Rassismus ist, dann ist er nach amerikanischen Maßstäben zu Recht weit weniger akut als der Rassismus gegen Schwarze. Und folglich wäre er auch weniger dringlich.

Antisemitismus als eine Form von Rassismus zu bezeichnen, ist auch deshalb problematisch, weil es das jüdische Volk weißfärbt. Dadurch wird die Tatsache ignoriert, dass über die Hälfte der israelischen Juden (also der größten jüdischen Gemeinschaft der Welt) Mizrachis, Juden nordafrikanischer und nahöstlicher Abstammung, sind. Zudem übersieht man dann, dass 12 bis 15 Prozent der amerikanischen Juden People of Color sind, wie die Jews of Color Field Building Initiative berichtet.

Natürlich gibt es antijüdische Vorurteile, die sich rassistisch artikulieren können. Vorurteile, die unsere Großeltern von den Ivy League Universitäten ausschlossen und die sie dazu veranlassten ihre Nachnamen zu ändern. Antijüdische Ressentiments sind zwar im Leben einzelner Juden beleidigend, lästig und schmerzhaft, aber für das Überleben des Judentums und des jüdischen Volkes sind sie weitaus weniger bedeutend. Ganz anders der Antisemitismus, denn dieser zielt auf die vollständige Auslöschung des Judentums und des jüdischen Volkes.

Man könnte es folgendermaßen beschreiben: Antijüdische Vorurteile können dazu führen, dass ein Nichtjude es vorzieht, dass seine Tochter einen Nichtjuden heiratet. Das

11 Bezeichnung für den US-Bundesstaat Maryland. (A.d.Ü.)

bedeutet aber nicht, dass er Juden für eine bösartige Macht hält, die heimlich unsere Regierung steuert. Genau das aber wäre Antisemitismus. Antijüdische Vorurteile könnten ein nichtjüdisches Paar dazu veranlassen, zu hoffen, dass keine Juden in die Nachbarschaft ziehen. Aber es bedeutet nicht, dass sie glauben, dass jüdische Banker die Weltwirtschaft manipulieren. Genau das aber wäre Antisemitismus.

Wenn Antisemitismus nicht bloß ein Vorurteil ist, obwohl er ähnliche Auswirkungen haben kann, was ist er dann?

Jean-Paul Sartre bestand in seinem berühmten Essay »Antisemit und Jude« darauf, dass der Antisemitismus nicht den normalen Regeln der Logik gehorcht, sondern einer »Logik der Leidenschaft entspringt«. Peter Hayes, ein Historiker des Holocaust, beschrieb ihn als »eine Art Aberglaube«, der zwar haltlos ist, sich aber als so beständig erweist, wie das Klopfen auf Holz. Ich sehe in ihm eine sich ständig verändernde Verschwörungstheorie, in der Juden die Hauptrolle bei der Verbreitung des Bösen in der Welt spielen.

Während Rassisten, Homophobe und Frauenfeinde sich als Menschen empfinden, die nach unten treten, verhält es sich mit dem Antisemiten anders: Er teilt nach oben aus. In den Augen des Rassisten ist die Person of Color minderwertig, so wie in den Augen des Frauenhassers die Frau kein vollwertiger Mensch ist. In den Augen des Antisemiten ist der Juden hingegen… alles. Er ist, was er für den Antisemiten sein soll.

Für den Antisemitismus steht der Jude symbolisch für all das, was eine bestimmte Zivilisation als ihre unheimlichsten und bedrohlichsten Eigenschaften begreift. Blickt man durch diese trübe Linse, kann man verstehen, warum die

Juden im Kommunismus als Kapitalisten und unter den Nazis als Beschmutzer der Rasse angesehen wurden. Und heute, wo Rassismus und Kolonialismus als größte Sünden gelten, wird Israel, der Jude unter den Völkern, als die letzte Bastion des weißen, rassistischen Kolonialismus dämonisiert – eine einzigartige Quelle des Bösen nicht nur in der Region, sondern in der ganzen Welt. Man zwingt »die Juden« stets in eine Rolle, die man ihnen mit Gewalt zuweist.

Die Logik des Antisemitismus unterscheidet sich stark von der Logik der Fremdenfeindlichkeit oder des Rassismus. Es handelt sich nicht nur um eine Form des Hasses, die sich zufällig gegen Juden richtet statt gegen Lesben, Koreaner oder Linkshänder. Der Antisemitismus ist eine umfassende allgemeine Theorie von Allem. Wie der Vater des modernen französischen Antisemitismus, Edouard Drumont, es in seinem Buch *La France juive* von 1886 ausdrückte: »Alles kommt vom Juden, alles kehrt zum Juden zurück.« Drei Jahre nach Erscheinen des Buches gründete er die Antisemitische Liga von Frankreich.

Rassisten glauben nicht, dass Menschen mit mehr Melanin heimlich den Planeten kontrollieren; sie halten Nichtweiße vielmehr für Untermenschen. Beide Glaubenssätze sind abscheulich und paranoid, aber nur einer davon stellt auch eine globale Verschwörungstheorie dar.

Der britische Historiker Paul Johnson fasste es vielleicht am treffendsten zusammen, als er den Antisemitismus als intellektuelle Krankheit, ein tief verwurzelter und hochinfektiöser Gedankenvirus, der in der DNA der westlichen Kultur steckt, bezeichnete. Das mag erschreckend und deterministisch klingen, aber wenn man die Metapher weiterführt, wird sie durchaus treffend. Gesunde Menschen sind ständig Träger von Viren. So lange sie gesund sind, tragen sie Erreger in sich, ohne dass sie irgendwelche Symptome aufweisen. Erst wenn eine starke Belastung hinzutritt, schwächelt das Immunsystem und die Krankheit bricht aus. Das Virus, das im Dämmerschlaf lag, wird aktiv.

Das gilt ebenfalls für unsere Kultur. Wenn das Immunsystem unserer Gesellschaft gesund ist und normal funktioniert, wird das Virus des Antisemitismus in Schach gehalten. Sobald aber unser gesellschaftliches Immunsystem schwächer wird – wie es derzeit auf dramatische Weise der Fall ist –, bricht das Virus aus, wie es schon so oft in scheinbar zivilisiertesten Kulturen der Welt geschehen ist.

* * *

Die antisemitische Krankheit, die heute die Vereinigten Staaten und die westliche Welt im Allgemeinen befällt, ist das Ergebnis einer tausendjährigen Mutation.

Menschen, die weitaus weiser und belesener sind als ich, haben hervorragende Bücher über jede Iteration der antisemitischen Krankheit geschrieben (Bernard Lewis' Buch *Semiten und Antisemiten*[12] ist besonders hervorzuheben). Ich möchte mich hier auf die neueste Erscheinungsform des Judenhasses beschränken. Für den chassidischen Juden, der von jungen Männern in Crown Heights verprügelt wird, oder die jüdische Studentin, die von antizionistischen Aktivisten aufgefordert wird ihr Zimmer im Studentenwohnheim zu verlassen, oder den Rabbiner, dem ein jugendlicher Neonazi einen Finger abschießt, spielt die besondere Form der Krankheit, unter der ihre Peiniger lei-

12 Bernard Lewis, Semites and Antisemites: An Inquiry into Conflict and Prejudice, New York 1986, S. 283

den, keine große Rolle. Was auch immer die Antisemiten in ihrem Hirn oder ihrem Herzen tragen, am Ende hat der Jude eine blutige Nase. Ich denke dabei etwa an die Familie Dahan, die 2014 aus Sderot, Israel, vor dem ständigen Raketenbeschuss durch die Hamas nach Kalifornien zog. Während ihres ersten Pessachfestes in Amerika wurden Hakenkreuze auf ihre Garage gemalt. Eine Zeit lang schlief die fünfköpfige Familie, mit Baseballschlägern und Messern bewaffnet, in einem abgeschlossenen Raum. Als die achtjährige Noya Dahan im April 2019 am letzten Tag des Pessachfestes in die Chabad von Poway ging, kam sie mit einem Schrapnell in Bein und Wange zurück. Ihrem Onkel, der aus Israel zu Besuch war, wurde ins Bein geschossen. »Wir sind von einem Beschuss in den nächsten geflüchtet«, beschrieb Noyas Vater ihre Lage. In ihrer Heimat waren die Terroristen Islamisten, hier handelte es sich um weiße Rassisten. Beide hatten das gleiche Ziel.

Ich denke dabei auch an die Reijnen Familie, die Rotterdam wegen des alltäglichen Antisemitismus verließ und nach Israel zog, weil sie hofften, dort sei das Leben für »unsere Kinder besser«. »Wir sind Juden und wollen in einer jüdischen Gemeinde leben.« Die Familie lebt jetzt im Kibbuz Nahal Oz, eine halbe Meile von Gaza entfernt. Im Mai dieses Jahres wurden sie, als eine aus dem Gazastreifen abgefeuerte Rakete ihr Haus traf, offiziell in der Nachbarschaft aufgenommen. Letzten Endes verspricht der Antisemitismus, was immer auch seine Quelle ist, allen Juden das gleiche Schicksal. Damit wird endlich die Gewalt, die diese Familien erfahren haben, wahrnehmen können, ist es nötig, dass wir einen kurzen Blick in das Erbe unserer kulturellen DNA werfen.

* * *

Die Wurzeln des Antisemitismus sind uralt. Sie führen an den Ort der ersten Versklavung der Israeliten zurück: nach Ägypten. Manche Forscher sehen in einem heidnischen Priester namens Manetho den Hauptschuldigen. Die erste antijüdische Verschwörungstheorie entstand um 300 v. Chr. im ägyptischen Alexandria, das damals die größte jüdische Gemeinde der Welt besaß, als Reaktion auf die jüdische Exodusgeschichte. Manethos Narrativ widersprach der biblischen Überlieferung, nach der Gott die Israeliten befreit und aus der ägyptischen Sklaverei in die Freiheit geführt hatte. Der Priester beharrte darauf, die Juden Ägyptens seien in Wirklichkeit Aussätzige gewesen, die die Herrschaft über Ägypten erobert und ein Regime des Terrors errichtet hätten. Dank der Rückkehr eines exilierten ägyptischen Königs, konnten die pestkranken Juden jedoch getötet, die übrigen verbannt und das Reich schließlich gerettet werden.

Laut Professor Moshe Sharon von der Hebräischen Universität zielte Manethos Erzählung darauf, den Juden »alles Positive abzusprechen«. Während die Juden in der Bibel als Volk mit eigener Ethik und eigenem Glauben dargestellt werden, erscheinen sie in der ägyptischen Geschichte als Aussätzige. In der Bibel teilt ein allmächtiger Gott das Meer, um das auserwählte Volk von der Sklaverei in die Freiheit zu führen. In der revisionistischen Geschichte des Manetho hingegen werden sie allesamt von einem König aus dem Land getrieben.

Die alten Ägypter störten sich nicht nur an der radikalen Exodus-Geschichte. In seinem brillanten Buch *Anti-Judaismus*[13] berichtet David Nirenberg, Professor an der Universität von Chicago, von einem Dekret, das König Darius

13 David Nirenberg, Anti-Judaismus. Eine andere Geschichte des westlichen Denkens, München 2015, S. 587

II. mehr als hundert Jahre vor Manetho erließ. Darin befahl der König der ägyptischen Bevölkerung Elephantines, sich während des Pessachfestes, das der Befreiung der Israeliten gewidmet war, von den Juden fernzuhalten. Aus welchem Grund? Forscher vermuten, dass ägyptische Priester sich durch die rituelle Schlachtung eines Lammes angegriffen fühlten. Eine Deutung, die durchaus Sinn macht, wenn man bedenkt, dass die Ägypter damals einen Widder-Gott verehrten.

Die Interpretation, die Nirenberg liefert halte ich für überzeugender, obwohl sie auf einen tiefgehenden zivilisatorischen Konflikt schließen lässt: »Die Ägypter fühlten sich nicht nur durch die Opferpraxis angegriffen, sondern durch das Pessachfestes selbst, da es den Exodus aus Ägypten nachspielte.« Und weiter: »Was für die Juden ein Gedenken an die Befreiung und den Sieg des Monotheismus über den Götzendienst war, war für die Ägypter eine beschämende Feier der Zerstörung Ägyptens und der Niederlage seiner Götter.«

Mit anderen Worten: Es ging nicht so sehr um das Opferritual, sondern darum, dass die radikale Geschichte des Exodus der gesamten ideologischen Struktur der ägyptischen Kultur widersprach. Die jüdische Geschichte entlarvte die Götzen und Götter Ägyptens als machtlos und die Sklaverei als ein Übel. Sie bestand auf menschliche Freiheit. Hunderte von Jahren vor Jesu Geburt wurden die Juden in einen Krieg religiöser und kultureller Ideen hineingezogen.

Mit dem frühen Christentum verlagerte sich das Schlachtfeld. Hatten die Juden in Ägypten das Heidentum abgelehnt, so waren sie nun das Volk, das nicht nur den Messias ablehnte, sondern sich sogar mit dem Römischen Reich verschwor, um ihn töten zu lassen. Die in den Evangelien geschilderte Geschichte bot den Stoff für eine Verschwörungstheorie über den bösartigen und manipulativen Juden, die bis in die Gegenwart wirkt: eine kleine, listige Minderheit nutzt ihre Nähe zur Macht aus, um andere für das Erreichen finsterer Zwecke zu instrumentalisieren.

Laut Neuen Testament gelang es einer winzigen Gruppe scheinbar machtloser Juden sich Rom, immerhin die bedeutendste Weltmacht der Zeit, gefügig zu machen und auf diese Weise Jesus umbringen zu lassen. Laut Johannesevangelium soll der römische Statthalter Pontius Pilatus den Juden gegenüber verkündet haben: »Nehmt ihn selbst und richtet ihn nach eurem eigenen Gesetz.« Aber die Juden gaben die Entscheidung an Pilatus zurück: »Es ist uns nicht erlaubt, jemanden zu töten.« Und so vollstreckte Pilatus die Tat in ihrem Namen.

Im Matthäusevangelium wird die Folge dieser Manipulation in aller Deutlichkeit ausgesprochen: »Sein Blut kommt über uns und unsere Kinder.« Dieses Urteil, das die Juden über sich selbst gesprochen haben sollen, hat sich in der Geschichte als so destruktiv erwiesen, dass selbst der reuelose Antisemit Mel Gibson es aus den englischen Untertiteln seines Filmes *Die Passion Christi* aussparte. In der aramäischen Originalfassung ist der Satz hingegen zu hören. Noch der Mörder von Pittsburgh zitierte Johannes 8:44 auf dem sozialen Netzwerk Gab: »Juden sind die Kinder Satans.«

Die Begründung für die Dämonisierung der Juden muss den frühen Evangelisten logisch vorgekommen sein, so wie es später für den Islam logisch war, nach der Zurückweisung Mohammeds durch die jüdischen Stämme von Medina die Gebetsrichtung zu ändern. Sowohl die Evangelisten als auch die Moslems waren bemüht, sich vom Judentum abzugrenzen, während sie gleichzeitig auf dessen

Fundamenten aufbauten. Die Erschaffung einer neuen Religion und die Begründung ihrer Eigenständigkeit machte es nötig, klare Grenzen zu ziehen. Allein die Tatsache, dass die Juden weiterhin als Juden existierten, war ein Affront gegen die grundlegendste christliche Vorstellung, der Messias sei bereits erschienen

Es ist nicht meine Absicht Jahrtausende christlicher Lehre die Schuld zu geben oder zu behaupten, auf der westlichen Zivilisation laste ein Fluch, weil sie sich aus dem Christentum entwickelt hat. Ich möchte bloß auf die historische und intellektuelle Tiefe der antijüdischen Verschwörung hinweisen. Falls die christliche Bibel das wichtigste Buch der westlichen Zivilisation und Jesus ihre wichtigste Figur ist, dann bedeutet die jüdische Zurückweisung von ihm und seiner Botschaft, dass der Antisemitismus in die Grundfeste unserer Welt eingebrannt ist.

Ein antisemitischer Spruch, der auch von manchen Juden als böser Scherz wiederholt wird lautet: »Wenn jeder die Juden hasst, dann machen sie vielleicht tatsächlich etwas falsch.« Der Antisemit verzichtet auf das »vielleicht« – für ihn steht fest, dass an den Juden etwas faul ist. Aber seine Antwort enthält unbeabsichtigt auch einen Funken Wahrheit, denn die Juden machen ja tatsächlich etwas. Es ist nicht so, als würden sie unbedingt etwas falsch machen, aber sie machen es zumindest anders. Die ikonoklastischen Ideen der Juden, die die Ägypter zum Verfassen einer revisionistischen Geschichte verleiteten, bleiben auch Tausende später noch ikonoklastisch. Dass die Radikalität der jüdischen Geschichte weiterhin die Macht hat Menschen in den Wahnsinn zu treiben, ist zugleich eine gute, wie eine schlechte Nachricht.

* * *

In den Jahrhunderten, die auf den Tod Jesu und die Zerstörung des Zweiten Tempels im Jahr 70 n. Chr. folgten, besaßen Juden keinerlei politische Macht. Es war ihnen weder erlaubt Land zu besitzen, noch durften sie öffentliche Ämter bekleiden oder außerhalb ihres Stammes heiraten. Die meisten Berufe blieben ihnen verschlossen. Und doch blieben die Anschuldigungen bestehen, sie hätten sich zur Ermordung von Jesus Christus mit den Römern verschworen und würden an den Schalthebeln der Macht sitzen, um eine Gesellschaft, in der sie Bürger zweiter Klasse waren, ins Verderben zu stürzen.

Über solche Verschwörungstheorien und das Blutvergießen, das sie zur Folge hatten, könnte ich Tausend Seiten schreiben. Nur zum Beispiel: In den 1300er Jahren fegte die Beulenpest über Europa hinweg und tötete zig Millionen Menschen. Die eigentlichen Verursacher der Seuche waren Ratten, die per Schiff von der Krim auf den Kontinent gelangt waren. Aber man beschuldigte Juden die Pandemie durch Brunnenvergiftungen herbeigeführt zu haben. Manche Historiker vermuten aus, dass Juden tatsächlich seltener der Pest erlagen, weil ihre rituellen Handlungen – Händewaschen vor dem Brotessen, Baden vor dem Schabbat – der Hygiene dienten und sie vor Erregern schützen.

Niemandem kam es in den Sinn, die Hygienepraxis der Juden nachzuahmen. Stattdessen fanden in mehr als sechzig jüdischen Gemeinden in Europa Massaker statt. Am 9. Januar 1349 wurde fast die komplette jüdische Gemeinde Basels in ein eigens errichtetes großes Holzhaus auf einer Rheininsel eingesperrt und anschließend bei lebendigem Leib verbrannt. Sechshundert Menschen kamen dabei ums Leben, nur eine kleine Menge zwangskonvertierter Kinder wurde verschont. Im fünfzehnten Jahrhundert gingen unsere Feinde dazu über das Judentum als etwas zu begreifen, das durch keine Konversion auszulöschen war. Dadurch nahm der religiös begründete Judenhass eine neue Form an.

Der Antisemitismus war fortan eher eine Frage des Blutes, als des Glaubens. In der Zeit der spanischen Inquisition wurden konvertierte Juden nicht mehr als vollwertige Christen angesehen, sondern als sogenannte Conversos. Ihnen haftete etwas an, das eine echte Assimilation verunmöglichte. Jahrhunderte vor der Begründung des Begriffs der Rasse wurde so bereits die Saat des rassistischen Antisemitismus, den die Nazis später zur Perfektion brachten, gelegt.

Wenn man sich die entscheidenden Ereignisse der darauffolgenden Jahrhunderte anschaut, oder sich mit deren Hauptprotagonisten beschäftigt, trifft man schnell auf Spuren dieser rapide sich verbreitenden Krankheit.

In der High School lernte ich, Martin Luther als das Genie hinter der protestantischen Reformation kennen, den Mann der sich gegen die allmächtige katholische Kirche aufgelehnt hatte. Was ich hingegen nicht erfuhr, war dass er sich auf bösartigste Weise gegen die Juden wendete, als diese sich weigerten seine Art des Christentums anzunehmen.

In einem Pamphlet von 1543 mit dem Titel *Die Juden und ihre Lügen*, nannte er sie »giftige, bittere, rachsüchtige, hinterlistige Schlangen, Mörder und Kinder des Teufels« und gab politische Empfehlungen, wie mit ihnen umzugehen sei: »Erstlich, dass man ihre Synagoga oder Schulen mit Feuer anstecke«, um Gott zu ehren, »da-mit Gott sehe, dass wir Christen seien«. Ihre Häuser solle man »zerbrechen(n) und zerstöre(n)« und »ihnen alle Betbüchlein und Talmudisten nehme(n), worin solche Abgötterei, Lügen, Fluch und Lästerung gelehrt wird«.

Die Aufklärung mag Gott und die Kirchenmacht entthront haben, aber sie leitete kein reines Zeitalter der Vernunft ein. Im achtzehnten und neunzehnten Jahrhundert durchlief der Antisemitismus eine weitere Transformation. Ab jetzt war es möglich frei jeder religiösen Begründung Antisemit zu sein. Es war der Beginn des sozialen, politischen und nationalistischen Antisemitismus.

Im Jahr 1771, weniger als zwanzig Jahre bevor George Washington sich in biblischer Sprache an die Juden Rode Islands wendete und bevor ein hyperrationaler Fanatismus Frankreich in Blut tauchte, schrieb Voltaire, eine der prägenden Gestalten der Aufklärung, folgende Zeilen über das jüdische Volk: »Sie kommen allesamt mit einem rasenden Fanatismus in ihren Herzen zur Welt, so wie Bretonen und Deutsche mit blonden Haaren zur Welt kommen. Es würde mich nicht überraschen, wenn dieses Volk eines Tages eine tödliche Gefahr für das Menschengeschlecht darstellen würden.«

1789, das Jahr in dem die Verfassung der Vereinigten Staaten in Kraft trat, legte der Revolutionär Clermont-Tonnerre in einer Debatte über den Status der Juden in der neuen französischen Nation den Grundstein für die Trennung des Glaubens von der Volkszugehörigkeit: »Wir müssen den Juden als Nation alles verweigern und den Juden als Individuen alles gewähren....Es ist widerwärtig, im Staat eine Gruppierung von Nicht-Bürgern und eine Nation innerhalb der Nation zu haben.«

1843, weniger als hundert Jahre bevor der Versuch, die Welt vom Kapitalismus zu befreien, einen solchen Massenmord entfesselte, dass seine Opfer heute noch gezählt werden, schrieb Marx in *Zur Judenfrage*: »Die Judenemanzipation in ihrer letzten Bedeutung ist die Emanzipation der Menschheit vom Judentum.«[14] Als Nazis und Kommunisten die historische Bühne betraten, bedurfte der Antisemitismus keinerlei religiösen Bezüge mehr. Die neuen säkularen antisemitischen Bewegungen erwiesen sich als weitaus tödlicher, als ihre Vorgänger.

Selbst der Begriff »Antisemitismus« verweist auf das dynamische Wesen der antijüdischen Verschwörung. Wilhelm Marr, ein deutscher Aktivist und Journalist, machte den Begriff in einem 1879 erschienenen Pamphlet *Der Sieg des Judenthums über das Germanenthum* populär. Davor lautete die Bezeichnung für antijüdische Ressentiments »Judenhass«. Wie Deborah Lipstadt in ihrem Buch *Der neue Antisemitismus*[15] schreibt, wurde das Wort als nicht mehr adäquat begriffen, weil man nun davon ausging, dass Juden ihr Wesen, ihr essentielles Anderssein auch durch Konversion nicht ablegen könnten. Marrs neue Wortschöpfung hatte laut Lipstadt »eher eine rassische und ›wissenschaftliche‹ als eine religiöse Konnotation«.

Lipstadt benutz das Wort ohne Bindestrich, um deutlich zu machen, dass man nicht Antisemit sein kann, wie man etwa anti-Abreibung oder anti-Impfung ist, denn Semitismus selbst ist bereits ein Konstrukt, eine falsche Kategorie, die ursprünglich eine nahöstliche Sprachgruppe bezeichnete.

Laut David Nirenberg ist »Antisemitismus« ein viel zu eng gefasster Begriff, da er nur das Ressentiment gegen jüdische Menschen, nicht aber auch gegen jüdische Ideen erfasst. Er erklärt nicht, warum selbst in Kulturen, in denen es nur wenige oder gar keine Juden gab, diese dennoch mit

14 Karl Marx, Zur Judenfrage. MEW, Bd 1. Berlin 1843, S. 347 – 377
15 Deborah Lipstadt, Der neue Antisemitismus. Berlin 2018, S. 304

einer solchen Leidenschaft gehasst werden. Da es bei diesem Phänomen nicht in erster Linie um jüdische Individuen, sondern um die Idee des Judentums, des Jüdischseins und des jüdischen Volkes an sich geht, findet er den Begriff »Antijudaismus« als weitaus besser dafür geeignet, dieses wesentliche Element der westlichen Zivilisation zu beschreiben. Er schreibt: »Der Antijudaismus sollte nicht als ein archaisches oder irrationales Element in dem großen Bauwerk des westlichen Denkens verstanden werden. Er war vielmehr eines der grundlegenden Werkzeuge, mit denen dieses Gebäude errichtet wurde.«[16]

Nirenberg hat völlig Recht, was den expansiven und ideologischen Charakter des Problems angeht. Aber ich bezeichne diese Verschwörungstheorie weiterhin als »Antisemitismus«, weil ich leicht und allgemeinverständlich schreiben möchte. Wenn ich diesen Begriff verwende, beziehe ich mich jedoch nicht nur auf Vorurteile gegenüber jüdischen Personen, sondern ebenso auf eine kulturell vererbte Krankheit, die sich nicht mit einer Runde Antibiotika heilen lässt.

Vor diesem Hintergrund ist es nicht verwunderlich, dass 1894, als ein französischer Hauptmann namens Alfred Dreyfus fälschlicherweise beschuldigt wurde, militärische Geheimnisse an Deutschland weitergegeben zu haben, auf den Straßen »Tod den Juden« skandiert wurde. Es sollte auch niemand überraschen, dass so viele Menschen die *Protokolle der Weisen von Zion*, ein 1903 von der zaristischen Geheimpolizei gefälschtes Dokument über eine Zusammenkunft jüdischer Weltlenker, für authentisch halten.

16 David Nirenberg, Anti-Judaismus. Eine andere Geschichte des westlichen Denkens. München 2015. S. 587 (A.d.Ü.: Übersetzung aus dem amerikanischen Original)

In Ländern wie Ägypten ist die Schrift auch Jahrzehnte nach ihrer Entlarvung weiterhin ein Bestseller.

Nachdem es ihren Klientelstaaten nicht gelungen war Israel zu vernichten, unterstützte die Sowjetunion in den 1970ern eine UN-Deklaration, die Zionismus als Rassismus brandmarkte. Nach allem was wir soeben gesehen haben, ist es nicht schwer zu begreifen, was geschehen war: Der Antisemitismus hatte erneut seine Form geändert. Er verband nun seine altertümlichen Wurzeln mit der modernen Sprache von Gut und Böse. Wenn rechtsradikale Populisten in Europa und in den Vereinigten Staaten Juden beschuldigen die vorherrschende christliche Kultur zu verraten, indem sie Einwanderer und andere Minderheiten unterstützen, dann muss ich an die Sprechchöre der Nazisympathisanten aus dem Madison Square Garden denken. Und wenn Linke mit einer Kritik am Siedlungsbau beginnen und gleich darauf Israel als rassistischen Staat ohne Existenzrecht bezeichnen, dann weiß ich, dass sie unwissentlich sowjetische Propaganda wiederkäuen.

* * *

Wenn der Antisemitismus eine Verschwörungstheorie ohne Realitätsbezug ist, wie lässt sich dann vorhersagen, wann er sich erneut manfiestieren wird? Man kann sich an die Faustregel halten, dass er das immer in Zeiten großer Unsicherheit und Umwälzungen tut. Wenn es zu Unruhen oder unerklärlichen Umwälzungen kommt, wird oftmals der Jude verantwortlich gemacht. Um nur das offensichtlichste Beispiel zu nehmen: Es ist kein Zufall, dass der Anstieg des Antisemitismus im Deutschland der 1920er und 1930er Jahre inmitten einer wirtschaftlichen Depression stattfand.

Das Problem dieser Logik besteht darin, dass sie Gefahr läuft Antisemitismus zu entschuldigen. Bohdan Chmelnyzkyj mag tatsächlich unter der unterdrückerischen polnischen Herrschaft gelitten und dafür gekämpft haben, dass sein Volk einen eigenen Staat bekommt. Das erklärt jedoch kaum das Blutbad, das er unter rund hunderttausend Juden anrichtet und das bis heute mit seinem Namen verbunden ist. Laut einem zeitgenössischen Bericht Rabbi Nathan Hannovers wurden während der Massaker schwangeren Frauen die Bäuche aufgeschnitten, ihre Babys herausgerissen und durch lebendige Katzen ersetzt. Anschließend soll man den Frauen die Hände abgehackt haben, damit sie die Katzen nicht aus ihren Körpern herausnehmen konnten.

Oftmals wirkt es so als gäbe es »materielle« Gründe für den Antisemitismus. Wenn eine Gesellschaft in einem bestimmten Moment solche anführt, sagt dies nichts über die tatsächlichen Juden oder das Judentum aus, aber umso mehr über den Geisteszustand dieser Gesellschaft. Leider greift die Gesellschaft, in der wir leben, immer häufiger auf antisemitische Erklärungsmuster zurück.

Die extreme Rechte verurteilt Juden als Internationalisten, als unzureichend weiß und an universalistischen Werten festhaltend. Bei dieser Art von Antisemitismus handelt es sich um einen Antiglobalismus, der viele der ältesten antisemitischen Tropen wiederholt, auch wenn er sich vehement zu Israel bekennt. Die zweite Art kommt von der extremen Linken, die den Juden abspricht ein Volk zu sein. Sie bekämpft das jüdische Selbstbestimmungsrecht, indem sie Israel als singulär dämonischen Staat darstellt. Der antizionistische Antisemitismus tarnt sich hier in der Sprache fortschrittlicher Werte – für die Unterdrückten eintreten, die Schwachen beschützen –, ungeachtet der Tatsache, dass Antizionisten mit einigen der regressivsten Ideologien und Regimen der Welt paktieren. Beiden Varianten des Antisemitismus gelten Juden als die Anderen, als Gemeinschaft, die den Interessen »des Volkes« zuwider steht.

Die Schriftstellerin Dara Horn weist in einem Beitrag für die *Jewish Review of Books* darauf hin, dass die beiden Bedrohungen, mit denen wir heute konfrontiert sind, bereits sehr alt sind und ihren Ursprung in zwei zentralen jüdischen Feiertagen haben: Purim und Chanukka. Der gesamte Antisemitismus, so erklärt sie, lässt sich in Purim-Antisemitismus und Chanukka-Antisemitismus einteilen.

»In der Purim-Version, die durch die persischen völkermörderischen Dekrete im Buch Esther oder durch neuere Ideologien wie den Nationalsozialismus und die zahlreichen Spielarten des heutigen radikalen Islams verkörpert wird, ist das Ziel des Regimes eindeutig: Alle Juden sollen ermordet werden«, schreibt Horn. »Im Seleukidenreich des zweiten Jahrhunderts v. Chr., das sämtliche Ausdrucksformen des Judentums unter Strafe stellte, wirkte hingegen die Chanukka-Version, die die Vernichtung der jüdischen Zivilisation zum Ziel hatte.«

Das ist das Besondere am Chanukka-Antisemitismus: Er fordert Juden dazu auf, sich an ihrer eigenen Zerstörung zu beteiligen. Aus dem Grund »setzt die Chanukka-Version des Antisemitismus – dessen Erscheinungsformen von der spanischen Inquisition bis zum Sowjetregime reichen – oft Juden als seine Handlanger ein«, schreibt Horn. »Diese ›konvertierten‹ Juden schwören offen allen Aspekten ihrer jüdischen Identität ab, die für das jeweilige Regime inakzeptabel sind, erklären stolz ihre Loyalität zur neuesten Ideologie und fordern andere Juden lautstark auf, es ihnen nachzutun. Diese Personen werden als Deckmantel benutzt, um die guten Absichten des Regimes herauszustellen – ein Regime, das natürlich nicht als antisemitisch gesehen werden möchte, sondern lediglich verlangt, dass seine Juden Tausende von Jahren jüdischer Zivilisation öffentlich die Toilette hinunterspülen, als Gegenwert dafür, nicht wie Dreck behandelt oder ermordet zu werden. Zumindest nicht in den nächsten Jahren. Vielleicht.«

Nicht anders als früher, ist der heutige Purim-Antisemitismus klar und leicht zu erkennen. Der Killer von Pittsburgh oder der Iran gehören zu seinen Anhängern. Oder auch Hamas-Funktionäre wie Fathi Hamad, der die palästinensische Diaspora diesen Sommer zum Mord an Juden aufrief: »Ihr sieben Millionen Palästinenser im Ausland. Schluss mit den Aufwärmübungen. Juden sind überall und wir müssen jeden Juden auf der Welt angreifen, indem wir ihn abschlachten und töten, wenn Gott es gestattet.« Der Chanukka-Antisemitismus, der die Juden zum kulturellen Genozid auffordert, sie des Überlebens willen zur Aufgabe ihrer Traditionen und zum Anbeten von Götzen zwingen möchte, ist dagegen heimtückischer. Dieser tragische Strang des Antisemitismus manifestiert sich in der britischen Labour-Partei und in der aktivistischen und akademischen Linken in den Vereinigten Staaten. In den folgenden Kapiteln werde ich jede Ausprägung dieser uralten Krankheit untersuchen, ebenso wie den Antisemitismus des radikalen Islams, der toxische Elemente aus beiden verbindet.

Häufig sieht man in den Juden die einzigen Opfer des antisemitischen Hasses. Aber es gibt noch ein weiteres, größeres Opfer, das oft übersehen wird: die Kultur, die Antisemitismus toleriert. Ihn zu dulden heißt Lügen zu dulden. Eine Kultur, in der Antisemitismus gedeiht, ist eine Kultur, in der die Wahrheit von der Lüge verdrängt wurde. Erinnern wir uns an Ilan Halimi: Die französische Polizei, die französischen Politiker und die französische Presse mussten über jeden Aspekt seiner Ermordung und dessen Bedeutung lügen, um die von ihnen verbreiteten Fiktionen über die französische Gesellschaft aufrechtzuerhalten.

Wenn man Gesellschaften untersucht, die den Antisemitismus bei sich aufgenommen haben, wird man erkennen, dass sie die Realität durch eine Verschwörungstheorie ersetzt und darüber den Verstand verloren haben. Wir sind dabei diesem Wahnsinn nachzugeben.

Kapitel 3

Die Rechte

In jungen Jahren hörte ich aufmerksam zu, wenn mein Großvater über Amerika sprach. Als jüdisches Kind, das in Armut aufgewachsen war und von einer alleinerziehenden Mutter großgezogen wurde, war ihm das gelungen, was man früher ganz ohne Ironie den amerikanischen Traum nannte.

Die Ansichten meines Großvaters Jack waren alles andere als ungewöhnlich: Generationen von osteuropäischen Einwanderern nannten diesen Ort die Goldene Medina, das »goldene Land«. Auch wenn in den letzten Jahrzehnten bewaffnete Wachen und Metalldetektoren vor unseren Gemeindehäusern üblich wurden, so gingen wir doch immer davon aus, dass es sich hierbei um reine Vorsichtsmaßnahmen handelt. Juden in anderen Ländern hätten hingegen echten Grund Anschläge auf jüdische Schulen und Gotteshäuser zu befürchten. Bei uns war es nicht so.

Dann geschah Pittsburgh. Rabbiner und Gemeindevorsteher aus meiner Heimatstadt und im ganzen Land erklärten mir, das Massaker würde nichts an ihrer Einschätzung Amerikas ändern. Es handele sich nur um eine isolierte Tat. Amerika sei weiterhin, was es auch vorher war.

Darauf bestanden sie. Bis zum 27. April.

Zum zweiten Mal in der amerikanischen Geschichte

wurden Juden beim Beten in einer Synagoge erschossen. Diesmal in Poway, Kalifornien, am letzten Tag des Pessachfestes, dem jüdischen Fest der Freiheit.

Wieder wurde eine legal erworbene Kriegswaffe eingesetzt, um Menschen in einem Gotteshaus zu ermorden. Wieder bewiesen gewöhnliche Menschen außergewöhnlichen Mut. Wieder wurde die Stadt von Journalisten überschwemmt. Wieder musste eine erschütterte Gemeinschaft ihre Toten zu Grabe tragen. Wieder wurden Mahnwachen bei Kerzenschein durchgeführt, Twitter-Hashtags verbreitet und GoFundMe-Aktionen organisiert. Wieder gab es E-Mails und Kommentare, die Schock, Empörung und Trauer zum Ausdruck brachten. Wieder leisteten wir den Schwur: Nie wieder!

Nie wieder, bis am Montag die Nachricht kam, dass das FBI Mark Steven Domingo verhaftet hatte, einen 26-jährigen Armeeveteranen, der zum Islam konvertiert war und angab, vom Islamischen Staat inspiriert worden zu sein. Laut einer eidesstattlichen Erklärung plante Domingo mehrere Anschläge, »unter anderem auf Juden, Kirchen und Polizisten«. Er hatte besonders lange Nägel gekauft, um bei den Sprengstoffanschlägen größtmöglichen Schaden an inneren zu Organen zu verursachen.

Der Monat April wirkte besonders grausam an: In Louisiana wurden drei schwarze Kirchen angezündet, mutmaßlich das Werk eines weißen Brandstifters. Ein afroamerikanischer Veteran namens Isaiah Peoples raste mit seinem Auto in eine Gruppe Moslems. Er wurde des achtfachen versuchten Mordes angeklagt. Vier Mitglieder einer Sikh-Familie wurden in ihrem Haus in Ohio bei einem möglichen Hassverbrechen erschossen. Was zu diesen Schreckenstaten noch hinzukam, war die »wahllose« Waffengewalt, die Kugeln, die vollkommen willkürlich auf Menschen abgefeuert wurden. Acht Menschen starben an einem Sonntagnachmittag in Baltimore an Schussverletzungen. Zwei Tote und vier verletzte Studenten an der Universität Carolina in Charlotte. Diese abscheulichen Details aufzulisten fällt nicht leicht.

Entgegen dem Beharren meines Großvaters und trotz der Beteuerungen von Gemeindeleitern war nach dem Anschlag in Poway klar, dass Juden Grund haben, sich in Amerika zu fürchten. So wie alle anderen Menschen auch, die in einer gespaltenen und waffenstarrenden Nation leben, in der die Radikalisierung oftmals vor dem Computerbildschirm stattfindet.

Kann es sein, dass sich die leuchtende »Stadt auf einem Hügel«[1] in ein von Hass zerfressenes Land verwandelt, in der öffentliche Massentötungen zu einem kranken Spektakel werden, das in den Kabelnachrichten und den Fiebersümpfen der sozialen Medien ihr Echo finden? Ist die Geschichte der Juden in Amerika vielleicht doch keine gerade Linie, die sich immer weiter in Richtung Sicherheit, Erfolg und Verständnis bewegt, sondern eher ein Pendel, das nun in die Dunkelheit der Alten Welt zurückschwingt? Zurück in eine Welt, die meine Großeltern glaubten verlassen zu haben?

* * *

John Earnest, der den Abzug seiner AR-15 betätigte, um Lori Gilbert-Kaye in ihrer Synagoge in San Diego umzubringen, bekannte sich vor Gericht für nicht schuldig. Sein

1 Der Begriff stammt aus der Predigt *A Model of Christian Charity* von John Winthrop, der Bezug nimmt auf die Bergpredigt Jesu gemäß dem Matthäus-Evangelium.

Hass hatte nichts wirklich Besonderes. Er folgte der gleichen Weltanschauung wie der Pittsburgh-Mörders Robert Bowers oder der Australier Brenton Tarrants, der am 15. März 2019 einundfünfzig moslemische Mitbürger bei ihrem Gebet in einer neuseeländischen Moschee ermordete. Besessene, die den falschen Gott des Weißseins anbeten.

Diese geisteskranken Mörder und ihre zahllosen Fans, die sich auf Messageboards wie 4chan oder 8chan tummeln, werden angetrieben von einem Glauben an die Überlegenheit der Weißen. Was sie noch mehr beschäftigt, ist die Angst, dass das »Weißsein« durch Wellen von nichtweißen, nicht-christlichen Amerikanern und Einwanderern getrübt, verwässert und schließlich weggespült werden könnte. Für diese feindliche Übernahme werden Juden verantwortlich gemacht, denen man die Kontrolle über Banken, Hollywood, Medien und selbst die Landesgrenzen unterstellt.

Wer zu viel Zeit mit der Analyse ihrer inkohärenten Online-Tiraden und Insiderwitzen, die doch nur dazu dienen, Polizei und Medien hinters Licht zu führen, verbringt, geht den Tätern auf den Leim. Ihre ironischen Kommentare und Memes sind eigentlich belanglos. Was zählt, ist ihre Bereitschaft, diejenigen ermorden zu wollen, die ihrer Vorstellung eines »weißen Amerikas« im Wege stehen. An erster Stelle die Juden.

Ich verspüre nicht den geringsten Wunsch in ihrer Welt zu leben, aber in Wahrheit tat ich das bereits vor dem Massenmord in Pittsburgh. Schließlich gab es vor Earnest und Bowers bereits Timothy McVeigh, der das Alfred P. Murrah Federal Building in Oklahoma City in die Luft jagte und dabei 168 Menschen tötete und über 680 verletzte. Vor McVeigh wiederum gab es eine christlich-identitäre Gruppe namens The Order, die in den 1980er Jahren im gesamten Westen Raubüberfälle, Bombenanschläge und Attentate verübte. 1959 gründete George Lincoln Rockwell die American Nazi Party, die ihrerseits aus anderen amerikanischen Pro-Nazi-Organisationen wie den Silberhemden und dem Deutsch-Amerikanischen Bund hervorgegangen war. In den 1920er Jahren lynchten und ermordeten vermummte Ku-Klux-Klan-Banden (die damals rund zwei Millionen Mitglieder hatten) schwarze Amerikaner, wobei sie auf die Nachsicht der lokalen und bundesstaatlichen Behörden setzen konnten.

Neonazis und christliche Identitäre, die wie Earnest den klassischen mittelalterlichen Antisemitismus mit der Ideologie der amerikanischen weißen Vorherrschaft verbinden, sind nicht nur besonders gewalttätig, sondern auch Teil einer Halbwelt, die von Fanatikern, Einzelgängern, Hasserfüllten, Verlierern, Online-Trollen und tatsächlichen Gewaltverbrechern bevölkert wird. Man fasst sie häufig als Alt-Right zusammen. Es sind die gleichen Menschen, die sich im August 2017 in einem Park in Charlottesville zur »Unite the Right«-Demonstration versammelten, dabei die Polizei angriffen und rassistische Parolen skandierten.

Trotz der großen medialen Aufmerksamkeit handelt es sich bei ihnen um die am stärksten marginalisierten antisemitischen Gruppierung in Amerika. Viele von ihnen wurden von Twitter und Facebook verbannt, und einige, wie Jason Kessler, der Organisator der Proteste in Charlottesville, leben noch zu Hause bei den Eltern. An solchen Antisemiten bestand in Amerika noch niemals ein Mangel, einige von ihnen waren sogar recht einflussreiche und prominente Bürger, die den Traum meiner Großeltern verabscheuten und in den Juden keine Amerikaner, sondern eine Gefahr sahen.

Anfang des zwanzigsten Jahrhunderts wurde Leo Frank,

ein jüdischer Fabrikmanager aus Atlanta, des Mordes an einer dreizehnjährigen Arbeiterin namens Mary Phagan für schuldig befunden und zum Tode verurteilt. Die Gerichtsverhandlungen erinnerten mehr an mittelalterliche Ritualmordlegenden, als an moderne juristische Verfahren. Nachdem der Gouverneur von Georgia die Strafe in eine lebenslange Haftstrafe umgewandelt hatte, entführte ein Mob von etwa fünfundzwanzig Männern, die sich selbst die Ritter von Mary Phagan nannten, Frank aus dem Gefängnis. Am Morgen des 17. August 1915 lynchten sie ihn. Mehr als die Hälfte der dreitausend Juden, die damals in Georgia lebten, verließen den Staat.

Henry Ford, der zusammen mit Thomas Edison als bedeutendster Held des amerikanischen Maschinenzeitalters angesehen wird, war ein überzeugter Antisemit, der die *Protokolle der Weisen von Zion* hunderttausendfach drucken und im ganzen Land verteilen ließ – auch in Schulen. Fords Zeitung, *The Dearborn Independent*, war eine Hauptquelle antisemitischer Verschwörungstheorien. In ihr konnte man zum Beispiel lesen, Juden hätten den Ersten Weltkrieg aus Profitgründen geplant. Für Ford und dessen Propagandisten waren Juden die Feinde des Weltfriedens.

In den 1930er Jahren zogen sogenannte »Silberhemden« und andere Anhänger Adolf Hitlers mit Hakenkreuz-Armbinden durch die Straßen amerikanischer Städte und Dörfe und hielten Massenkundgebungen an Orten wie dem Madison Square Garden ab. Zur gleichen Zeit wetterte auch Pater Coughlin gegen die Verschwörung der Juden, die darauf aus seien, Amerika mit der Hilfe Franklin Roosevelts kommunistisch zu machen und die Welt in einen neuen Krieg zu stürzen. 1938, wenige Wochen vor der Kristallnacht, wurde dem berühmten amerikanischen Piloten

Charles Lindbergh von Hermann Göring in Berlin eine Nazi-Medaille überreicht. Drei Jahre später hielt der überzeugte Isolationist vor achttausend Zuhörern in Des Moines eine Rede mit dem Titel »Wer sind die Kriegshetzer?«. In ihr erklärt er: »Die drei wichtigsten Gruppen, die dieses Land zum Krieg drängen, sind die Briten, die Juden und die Roosevelt-Administration.«

In den 1950ern Jahren griff der KKK in den Südstaaten Synagogen mit Bomben und Schusswaffen an. Man warf den Juden vor die Bürgerrechtsbewegung zu unterstützen. Im Oktober 1958 explodierten fünfzig Stangen Dynamit in der ältesten Reformsynagoge Atlantas, die von einem entschiedenen Gegner der Rassentrennung geleitet wurde. Alle fünf Verdächtigen waren Mitglieder antisemitischer Gruppen wie der National States Rights Party und der Knights of the White Camelia. Im September 1967 wurde ein Bombenanschlag auf die Beth Israel Kongregation in Jackson, Mississippi, verübt. Zwei Monate darauf wurde das Haus des Rabbiners der Gemeinde, Perry Nussbaum, ebenfalls zum Ziel eines Anschlages. Seine Frau und er, die sich zum Zeitpunkt der Explosion bereits im Bett befanden, überlebten mit schweren Verletzungen. Wie der Rabbiner von Atlanta, Jacob Rothschild, war auch Nussbaum ein Aktivist gegen die Rassentrennung.

1977 tötete Joseph Paul Franklin, ein weißer Rassist, bei seinem Anschlag auf die Brith Sholom Kneseth Israel Gemeinde in St. Louis einen Betenden und verwundete zwei weitere.

Im Jahr 1984 ermordeten zwei Mitglieder von The Order den beliebten Radiomoderator Alan Berg in Denver. Auf die Frage, warum sie Berg ausgewählt hatten, erklärte ein Gründer der Gruppe, dass er ihn »vor allem als anti-weiß und jüdisch« ansah.

1999 setzten die Brüder Benjamin Matthew und Tyler Williams drei Synagogen in Sacramento, Kalifornien, in Brand.

Am 28. April 2000 zerschoss der weiße Rassist Richard Baumhammers die Fenster der Beth-El-Gemeinde in meiner Heimatstadt Pittsburgh und der Ahavath-Achim-Gemeinde (der Name bedeutet »brüderliche Liebe«) im knapp fünf Meilen entfernten Carnegie, Pennsylvania. Am Ende des Tages, hatte er Anil Thakur, Ji-ye Sun, Theo Pham und Gary Lee ermordet und Sandeep Patel schwere, bleibende Schäden zugefügt. Alle seine Opfer waren Angehörige ethnischer Minderheiten. Baumhammers begann seine Anschlagsserie am frühen Nachmittag, als er in das Haus seiner Nachbarin, dem Beth-El-Mitglied Anita Gordon, eindrang, sie erschoss und ihr Haus in Brand setzte. Als die Polizei später sein Haus durchsuchte, fand sie ein Manifest von Baumhammers Free Market Party, das ein Ende der nicht-weißen Einwanderung forderte.

Es ist nichts Neues, dass weiße Rassisten Juden ins Visier nehmen. Nach Pittsburgh und Poway ging bei uns jedoch die Angst um, Amerika hätte sich grundlegend geändert. Die Vorstellung, die Vereinigten Staaten seien in der Lage sich zu vervollkommnen oder zumindest diesem Ziel zu folgen, war ein säkularer Grundsatz jüdisch-amerikanischen Glaubens, eine ontologische Rechtfertigung für die Opfer unserer Großeltern, für ihre leidenschaftliche Verbundenheit mit einem Land, das die Fähigkeit besaß sich zu verbessern, engstirnigen Hass zu überwinden und zu dem Leuchtturm der Freiheit zu werden, von dem die Gründerväter sprachen. Wir behielten sie in Erinnerung und bewunderten sie, weil sie trotz ihres persönlichen Eifers und persönlichen Fehler, immer an dieser Möglichkeit festhielten.

Was uns heute große Angst bereitet, ist dass die einst marginalisierten Fanatiker – Neonazis, weiße Rassisten, Spinner und Verrückte, die hinter ihren iPhone-Bildschirmen Massenmorde feiern – nicht länger marginal sind. Sie sind zu sichtbaren Vorbildern eines neuen politischen und kulturellen Stils geworden, der geltende Normen in Bezug auf Toleranz, Anstand und Höflichkeit verwirft. Äußerungen und Verhaltensweisen, die bis vor kurzem noch Kellern und Hinterzimmern vorbehalten waren, tauchen plötzlich auf Twitter und in den Nachrichtensendungen auf. Und der fünfundvierzigste Präsident ist ein großer Anhänger von beiden.

* * *

Rechter Fanatismus und Antisemitismus gab es auch schon vor Trump.

In der GOP[2] waren traditionell zwei Arten von Antisemiten anzutreffen. Die erste Gruppe bestand aus vornehmen WASPs[3], die eine Zeit lang die Republikanische Partei anführten und deren Einfluss sich über die Anwaltskanzleien Manhattans und die Country Clubs Connecticuts bis zum israelfeindlichen Außenministerium erstreckte. Die zweite Gruppe waren Republikaner aus dem katholischen Arbeitermilieu, deren Feindseligkeit sich aus einer Mischung von Isolationismus, Nativismus und einer vorkonzilischen Kirchenlehre[4] speiste.

In den frühen 1990ern waren beiden Arten am Werk. Der

2 Grand Old Party ist eine andere Bezeichnung für die Partei der amerikanischen Republikaner. (A.d.Ü.)
3 White Anglo Saxon Protestants. (A.d.Ü.)
4 Auf dem zweiten vatikanischen Konzil (1962 – 1965) wurden bedeutende Aktualisierungen des kirchlichen Dogmas beschlossen. (A.d.Ü.)

Außenminister unter George H. W. Bush, James Baker, war als Anwalt im Ölgeschäft tätig und pflegte enge Verbindungen zum Persischen Golf. Es ist offenkundig, dass er weder persönliche Zuneigungen zu Juden, noch berufliche Vorlieben für Israel besaß. »Fuck the Jews«, soll er gesagt haben, »Die wählen uns sowieso nicht.« Auch wenn der Antisemitismus auf den höheren Ebenen der Republikanischen Partei versteckt agierte, so konnte man doch in Figuren wie Pat Buchanan, der 1992 in den Vorwahlen gegen Bush antrat, die finstersten Tendenzen der Bewegung erkennen. Wie schon Lindbergh vor ihm, wusste auch Buchanan wer Amerika in Kriege im Nahen Osten hineinzog: »das israelische Verteidigungsministerium und seine Gefolgschaft«. Mit anderen Worten: die amerikanischen Juden. Capitol Hill galt ihm als »von Israel besetztes Gebiet«.

Buchanans Antisemitismus war vielleicht das einzige Thema, bei dem William F. Buckley von der National Review und Abe Rosenthal von der New York Times sich einig waren. Aber das schlimmste Problem mit Buchanan war, wie Charles Krauthammer in einer Kolumne in der Washington Post im März 1992 bemerkte, »nicht, dass seine Instinkte antisemitisch sind, sondern dass sie eindeutig faschistisch sind.« Buchanan beschimpfte Bush als »Globalisten« und forderte einen »neuen Nationalismus«.

»Dieser ungeschminkte Appell an die rassische und ethnische Besonderheit stellt Buchanan fest in die Tradition von Jean-Marie Le Pen und anderen europäischen Neofaschisten, deren Plattform aus einwanderungsfeindlichen Ressentiments, Angst und Abscheu vor dem unassimilierten Anderen besteht«, schrieb Krauthammer. Und dennoch wurde Buchanan im gleichen Jahr die Ehre zuteil, die

Grundsatzrede auf dem republikanischen Nationalkongress halten zu dürfen. Als Trump zum Präsidenten gewählt wurde, konnte Buchanan den Sieg seines eigenen früheren Wahlkampfslogans feiern: »Make America First Again«.

Welche Verallgemeinerungen man auch immer über Republikaner oder die amerikanische Rechte anstellen möchte – Gruppen, die heute ein breites und vielfältiges Spektrum umfassen, das von säkularen Libertären, Evangelikalen, städtischen Bankern, Farmern aus dem Mittleren Westen, außenpolitischen Falken bis hin zu radikalen Isolationisten reicht –, es steht außer Frage, dass die republikanischen Präsidentschaftskandidaten der letzten Jahre stets bemüht waren, als gläubige Männer wahrgenommen zu werden, denen jegliche Bigotterie fremd ist. Niemand warf etwa Präsident George W. Bush vor mit Antisemiten zu kuscheln. Nicht anders als die Familie Bush und das restliche Amerika, so schien sich auch die Republikanische Partei verändert und weiterentwickelt zu haben.

Dann kam Trump, ein Mann den immer schon ein hemdsärmeliger Rassismus begleitete. Jahrzehnte bevor er die rassistische »Birther«-Lüge[5] über Präsident Barack Obama verbreitete, diskriminierte Trumps Immobiliengesellschaft zum Beispiel auf systematische Weise schwarze Bürger New York Citys.

Seine Ansichten über Juden waren komplexer. Seine Tochter und sein Schwiegersohn sind strenggläubige Juden und 2016 prahlte er anlässlich einer Rede vor dem American Israel Public Affairs Committee (AIPAC), einer israelfreundlichen Lobbygruppe, damit dass Ivanka »ein

5 Als Birther werden Menschen bezeichnet, die das Gerücht verbreiteten, Barack Obama sei nicht in Amerika geboren und könne folglich nicht Präsident werden.

wunderschönes jüdisches Baby« bekommen werde. Viele hielten ihn für einen Philosemiten, obwohl Deborah Lipstadt scharfsinnig darauf hinwies, dass ein Philosemit »ein Antisemit ist, der Juden mag«. (Nach der Art: Ich habe einen neuen Buchhalter. Er ist Jude, deshalb weiß ich, dass er einen guten Deal für mich rausschlagen wird.)

Noch vor Charlottesville und seiner Tirade über Einwanderer aus »Shitholes«, fuhr Trump die goldene Rolltreppe im Trump Tower hinunter, um seinen Wählern mitzuteilen, Einwanderer aus Mexiko würden »Drogen«, »Verbrechen« und sexuelle Gewalt einschleppen. Von Anfang an verkörperte Trump einen schamlosen und brutalen Politikstil. Er tat Höflichkeit und Anstand als Tugenden von Dummköpfen ab und kultivierte ein wütendes und paranoides Klima, das sich später als tödlich herausstellen würde.

Während seiner ersten Präsidentschaftskandidatur im Jahr 1980 sagte Ronald Reagan über den KKK, der ihn unterstützten wollte: »Ich habe keine Toleranz gegenüber dem, was der Klan repräsentiert, und ich will nichts mit ihm zu tun haben.« Vier Jahre später, als die rassistische Gruppe ihre Unterstützung wiederholte, war der Präsident noch unmissverständlicher: »Menschen, die in der Öffentlichkeit stehen, können es nur abscheulich finden, wenn ihre Namen von jenen benutzt werden, die eine widerwärtige Doktrin des Hasses verbreiten.« So schrieb er im Mai 1984 in einem Brief an die United States Commission on Civil Rights. »Die Politik des Rassenhasses und der religiösen Bigotterie, die vom Klan und anderen praktiziert wird, hat in diesem Land keinen Platz und zerstört die Werte, für die Amerika immer gestanden hat.« Als Jake Tapper von CNN Trump im Februar 2016 fragte, ob er David Dukes Unterstützung und die anderer weißer Rassisten

»unmissverständlich verurteilen« würde, sagte Trump: »Nun, nur damit Sie es verstehen, ich weiß nichts über David Duke, okay. Ich weiß nicht, was Sie mit weißer Vorherrschaft oder weißen Suprematisten meinen... Ich weiß nichts über David Duke, ich weiß nichts über weiße Herrenmenschen.«

Es war eine Lüge, die Trump selbst eine Woche nach dem CNN-Interview aufdeckte, als er in der MSNBC-Sendung *Morning Joe* sagte: »Ich habe mich von ihm distanziert. Ich habe den KKK verleugnet. Wollen Sie, dass ich das zum zwölften Mal wiederhole?« Sollte Trump, oder ein anderer Politiker, entscheiden, dass eine Entschuldigung oder Kapitulation nicht zu seinem Vorteil ist, dürfte die Zeitspanne zwischen dem vorgetäuschten Unwissen und dem zähneknirschenden Distanzieren wohl immer länger werden.

* * *

Es ist kein Zufall, dass Trumps Banner auch Antisemiten anzog. In ihm sahen sie einen Anhänger von Verschwörungstheorien, der auch den Flirt mit Rassisten nicht scheute. Den Akkord den Trump anschlug, konnten diese Fanatiker gut begleiten. Trump, nicht anders als die übrigen Populisten auf der Welt, besaß letztgültige Antworten für alle amerikanischen Bürger, die sich als abgehängt empfanden. Globalisten, Eliten, Geld, Macht und Sonderinteressen seien schuld an der Unterdrückung der arbeitenden Bevölkerung. Was die Richard Spencers dieser Welt, die Neonazis und weißen Rassisten, raushörten, war »Jude, Jude, Jude«. Ob mit voller Absicht, oder weil es sich schlicht aus seinem inneren Wesen ergab, Trump gab ihnen gute Gründe eben dies herauszuhören.

Er tut es immer noch. In einer Rede vor der Republican Jewish Coalition im Jahr 2015 sagte er: »Ihr werdet mich nicht unterstützen, weil ich euer Geld nicht brauche. Ihr wollt eure eigenen Politiker kontrollieren, das ist in Ordnung.« Und 2019 bezeichnete er vor der gleichen Organisation den israelischen Premierminister als »euren Premierminister« – ein offensichtlicher (wenn auch unbeabsichtigter) Vorwurf jüdischer Doppelloyalität. Über seinen ehemaligen Anwalt Michael Cohen, der mit Robert Muellers Ermittlungen kooperierte, soll er gesagt haben: »Die Juden wechseln immer die Seite.«

Wenn ein Mann mit dieser Vergangenheit über den »Unite the Right«-Marsch in Charlottesville sagt: »Auf beiden Seiten gab es einige sehr anständige Leute«, dann bleibt das weißen Rassisten nicht verborgen. Wenn ein Mann mit dieser Vorgeschichte nach der Ermordung von einundfünfzig Moslems im neuseeländischen Christchurch durch einen weißen Rassisten sagt »Ich denke, es ist eine kleine Gruppe von Menschen, die sehr, sehr ernste Probleme haben«, kann sich die extreme Rechte über die Verniedlichung der Tat freuen. Ist es angesichts der ständigen Rechtfertigungen durch seine Anhänger – was er nach Charlottesville gesagt hat, sei »nahezu perfekt«, erklärte die schamlose Kellyanne Conway –, verwunderlich, dass die extreme Rechte in diesem Präsidenten und in der von ihm umgebauten Republikanischen Partei, einen Verbündeten sieht?

Wenn der Präsident der Partei Lincolns Robert E. Lee als »großen General« lobt, hören sie die Signale. Wenn der Präsident nicht von Patriotismus, sondern von Nationalismus spricht, wenn er Einwanderer verunglimpft und »America first« sagt, können sie die Signale laut und deutlich hören.

Trump hat die Alt-Right nie öffentlich gelobt. Das muss er auch gar nicht, denn Aussagen wie diese sind vollkommen ausreichend.

Nicht anders verhält es sich mit Seve Bannon, der seine Karriere mit dem Aufbau und der Förderung der Alt-Right-Bewegung gemacht hat. Zuerst verwandelte er Breitbart News in eine, nach seinen Worten, »Plattform für die ›Alt-Right‹« – einen Safe Space für digitale Tabubrecher, die kein Problem damit haben, Nachrichten mit Begriffen wie »Schwarze Kriminalität« zu bewerben. Anschließend nutzte er seine Seite um den Wahlkampf Trumps voranzutreiben und die GOP in eine Waffe zu schmieden. Dabei schreckte er auch nicht davor zurück, liberale jüdische Banker und Investoren als Manipulatoren der amerikanischen Gesellschaft zu bezeichnen.

Während der Herausgeber der National Review, William F. Buckley, die wichtigste konservative Publikation des Landes von Antisemiten säuberte (etwa durch die Entlassung von Joe Sobran, einem äußerst beliebten Redakteur, der aber auch ein Judenhasser war), spielt Bannons Breitbart fröhlich mit dem Feuer. »Die Hölle kennt keine vergleichbare Wut, wie die eines verschmähten polnischen, jüdischen Mitglieds der amerikanischen Elite« konnte man auf der Website über die Journalistin und Historikerin Anne Applebaum lesen. Bill Kristol, der konservative Anti-Trump-Autor, wurde von Breitbart als »abtrünniger Jude« und George Soros als »der Puppenspieler« bezeichnet. Der Kommentarbereich war, wie nicht anders zu erwarten, eine offene Kloake des Hasses.

Und plötzlich saß Steve Bannon nur ein paar Zimmer vom Oval Office entfernt, während Präsident Trump auf die Umsetzung eines Einreiseverbotes von Moslems drängte, das sein Chefstratege für ihn entworfen hatte. Die

Geschichte bewegte sich nicht mehr in einer geraden Linie. Das Pendel schwang zurück.

Acht Monate nach Trumps Amtsantritt wurde Bannon aus dem Weißen Haus entlassen, und der Präsident hat seitdem kein weiteres Mal weiße Rassisten gelobt. Kommentatoren erwähnen nur noch selten Breitbart-Artikel, obwohl sie so hetzerisch wie eh und je sind. Richard Spencer, Erfinder des »Alt-Right«-Begriffes, hat seine Bewegung für »gescheitert« erklärt, da sie nur den extremen Rand der Partei erreichen konnte.

Ich befürchte, der Niedergang der Alt-Right-Bewegung ist in Wirklichkeit der Auftakt einer Bewegung ist, die viel diffuser und populärer sein wird. Die toxische Ideologie der Bewegung lebt nicht mehr nur auf Breitbart oder auf Reddit-Boards, die von frustrierten Tastaturhelden besucht werden. Wenn man Fox anschaltet, kann man jetzt »Experten« hören, die über das »von Soros besetzte Außenministerium« reden. Im Juli wurde der Weiße-Haus-Korrespondent von Breibart von der Administration angestellt. Und Bannon reist durch Europa, wo er Männer wie Nigel Farage und Viktor Orbán trifft, um Blut-und-Boden-Bewegungen in Ländern zu schüren, die bereits Erfahrung mit einer solchen Politik haben.

Man kann in Trump die Hauptursache für die zunehmend kompromisslose und gewalttätige Spaltung des Landes sehen, ein Symptom oder auch eine Mischung aus beiden. Unabhängig davon lässt sich feststellen, dass er jede Gelegenheit nutzt, die Gemüter zu erhitzen, statt diese zu besänftigen. Und er scheint seine Rolle als Schürer von Chaos und Konflikten wirklich zu genießen.

Letzten Endes sind die Signale, die Trump so häufig ausgesendet hat, weniger bedeutsam als die von ihm verursachte systematische Beseitigung der, wie mein Kollege

Bret Stephens es formulierte, »moralischen Leitplanken, die den Fanatismus niederhalten«. Trump tat dies, indem er sowohl die mutigsten als auch die schwächsten Personen unserer Gesellschaft verunglimpfte, indem er den wütenden Mob schürte, indem er der Rechtstaatlichkeit und den besten amerikanischen Traditionen Verachtung entgegenbrachte. Es scheint ihm wirklich Freude zu bereiten, wenn die Menge tobt und die Verhaftung Hillary Clintons fordert, oder wenn seine Anhänger an illegale Einwanderer an der Südgrenze gerichtet rufen »Erschießt sie!«. Die naive Hoffnung, dass er in das Amt des Präsidenten hineinwachsen würde, erscheint heute wie ein schlechter Witz. Seine ganze Persönlichkeit ist darauf aufgebaut, die Ordnung zu stürzen, indem er unsere Verbündeten verrät und unsere Feinde umarmt, indem er das Wissen von Experten schmäht und mit den irren Rändern flirtet, indem er versucht, das bereits beschädigte gesellschaftliche Band komplett zu zerreißen.

Wenn ein Mann, der nichts mit unseren besseren Engeln[6] anzufangen weiß, die freie Welt regiert, wer weiß, wann oder wie das Chaos enden wird?

* * *

Das mäandernde Manifest von John Earnest, dem Attentäter von San Diego, ist ein toxisches Gebräu, das aus zweitausend Jahren Antisemitismus gemischt wurde. Wenn er den Juden für den Tod Jesus Christus verantwortlich macht, klingt er nach Martin Luther. Er bezieht sich auch auf die berühmteste Ritualmordlegende der Geschichte –

6 Die Formulierung stammt aus einer Rede des amerikanischen Präsidenten Abraham Lincoln. Der Psychologe Steven Pinker nutzte sie später als Metapher für Vernunft und moralisches Handeln. (A.d.Ü.)

die des zweijährigen Simon von Trient, dessen Tod der jüdischen Gemeinde zur Last gelegt wurde. Unter Folter bekannten sich in der Folge mehrere Gemeindemitglieder für schuldig. Dann wiederum tauchen Absätze auf, die von Joseph Goebbels stammen könnten: Earnest schimpft über »Feminismus« und »entartete« Kunst und beschuldigt die Juden der »Rassenvermischung«, der »sexuellen Perversion« und des »Handels mit Pornografie«. Auch zeitgemäßge Anschuldigungen haben Eingang in sein Manifest gefunden: Die Juden fangen Kriege an, setzen ihre Medienmacht ein, um die Öffentlichkeit zu täuschen und kontrollieren »die gesamte Finanzwirtschaft um, das Böse zu finanzieren«. Der Attentäter hing auch der Theorie des Großen Austausches an, einer Vorstellung, die bereits älteren Datums ist, 2021 jedoch von dem französischen Rechtsradikalen Renaud Camus, in einem gleichnamigen Buch aktualisiert wurde. Heute ist die Theorie in der rechtsextremen Szene Amerikas und in ganz Europa stark verbreitet. »Der große Austausch ist sehr einfach«, schreibt Camus. »Man hat ein Volk, und innerhalb einer Generation hat man ein anderes Volk.«

Der gleichen Ideologie folgt auch der republikanische Kongressabgeordnete Steve King, der den Satz »Wir können unsere Zivilisation nicht mit den Säuglingen anderer Leute wiederherstellen« twitterte und später im Fernsehen wiederholte. Der Titel des dreiundsiebzigseitigen Manifests des Christchurch-Attentäters: »The Great Replacement«. Es versteht sich von selbst, dass die von Antisemiten vorgeschlagene Lösung dieses »Bevölkerungsaustausches« wie immer sein wird, die Antisemiten immer schon vorgeschlagen haben: Bringt die Juden um. In jeder Epoche müssen neue Verschwörungen ersonnen und neue Rechtfertigungen angeführt werden. Daher die einzigartige Rolle, die die Juden in der Ersatzideologie spielen, was mir erst nach der »Unite the Right«-Kundgebung im August 2017 klar wurde.

Dieses Ereignis stellte ein brutales Erwachen für all diejenigen dar, die glaubten, die toxische Ideologie der weißen Vorherrschaft würde sich ausschließlich auf den extremen Rand der Online-Rechten beschränken. An jenem Tag konnte diese Weltanschauung eine große Gruppe auf die Straße treiben. Fünfhundert mit Fackeln ausgerüstete Personen trafen sich an der Universität von Virginia, um reelle Offline-Gewalt auszuüben. Zwei Dutzend unschuldige Demonstranten wurden verletzt, die zweiunddreißigjährige Heather Heyer kam ums Leben, als der zwanzigjährige weiße Rassist James Alex Fields Jr. mit seinem Dodge Challenger in eine Gruppe von Gegendemonstranten raste.

Bei ihrem Marsch über den Campus skandierten die Rassisten »Blood and Honour« und »White Lives matter«, aber auch eine Parole, die mir noch nicht bekannt war: »Jews will not replace us«.

Anfangs verstand ich den Satz so, wie ihn vielleicht auch meine Leser verstehen würden: Wir werden es nicht zulassen, dass Juden unseren Platz einnehmen – an der Uni, im Büro, wo auch immer. Das war die naheliegende Interpretation. Ich lag falsch, denn ich hatte nicht wie ein Antisemit gedacht. Hinter dem Slogan »Juden werden uns nicht ersetzen« verbirgt sich die uralte antisemitische Vorstellung vom Juden als dem bösen Puppenspieler, dem Teufel, der hinter dem Vorhang die Strippen zieht – in diesem Falle im Namen von Menschen mit brauner und schwarzer Hautfarbe. Wie das? Indem sie progressive Politiker kontrollieren, indem sie Karawanen illegaler Einwanderer zum Sturm auf die Südgrenze organisieren, und so weiter.

Das ist der Kern der rechtsradikalen antisemitischen Verschwörung. Und Earnest glaubte fest an sie: »Ich würde tausendmal sterben, um das verhängnisvolle Schicksal zu verhindern, welches die Juden für meine Rasse geplant haben.«

Die »Logik« sieht folgendermaßen aus: Die Weißen stehen an der Spitze, Schwarze, Braune und Einwanderer ganz unten. Juden nehmen die hinterlistige Mittelposition ein. Oftmals erwecken sie den Anschein, weiß zu sein, aber in Wirklichkeit sind sie auf sklavische Art den Unteren ergeben. So sind die Juden die ultimativen Verräter an der weißen Rasse, der mächtigste Rassenfeind, den die Weißen haben. Eben deshalb könne man, laut Erik K. Ward, einem langjährigen antirassistischen Aktivisten und Geschäftsführer des Wester States Center, Antisemitismus nur dann richtig verstehen, wenn man ihn als »Dreh- und Angelpunkt des Glaubenssystems der weißen Nationalisten« begreift. Wie er in seinem Essay »*Skin in the Game: How Antisemitism Animates White Nationalism*« schreibt, sind Juden »trotz und gerade weil sie oft als Weiße gelesen werden«, in den Augen weißer Rassisten »eine andere, nicht assimilierbare, feindliche Rasse, die entlarvt, besiegt und schließlich eliminiert werden muss.«

Der Anwalt Robbie Kaplan, der die Neo-Nazis, die in Charlottesville marschierten, vor Gericht brachte, kam zu dem gleichen Schluss: Diese Leute »hassen uns alle – Schwarze, Muslime, LGBTQ-Personen, Frauen, Einwanderer. Aber die Gruppe, die sie mit der größten Leidenschaft hassen, die Menschen, von denen sie sagen, dass sie sie erneut in Öfen verbrennen wollen, sind die Juden.«

Ward schreibt: »Das Fundament der Bewegung ist die ausdrückliche Behauptung, die Juden seien eine eigene Rasse und dass ihre angebliche Position als Weiße in den

USA des Teufels größter Trick sei.« Die Juden sind der ultimative Feind der Weißen, weil sie der natürlichen Vorherrschaft der Weißen im Weg stehen.

Wir werden später bei der radikalen Linken ein Spiegelbild dieser Ideologie sehen: Juden werden als »weiß« bezeichnet, damit sie nicht als Opfer wahrgenommen werden können. Auch die Theorie des »Großen Austauschs« findet hier eine Entsprechung, und zwar in der Lüge, Juden besäßen keine historische Verbindung zum Land Israel. Das Dilemma amerikanischer Juden besteht darin, dass sie gleichzeitig als weiß und nicht-weiß angesehen werden; Handlanger der weißen Vorherrschaft und Handlanger von Einwanderern und Farbigen; ebenso mit den Unterdrückten wie mit demnUnterdrückern im Bunde.

* * *

Es gibt einen guten Grund, warum jüdische Amerikaner immer wieder auf den Neonazi-Aufmarsch in Skokie im Jahr 1977 zu sprechen kommen. Das hat weniger damit zu tun, dass es dabei um einen berühmten Fall von Redefreiheit ging, sondern vielmehr weil Neonazi-Aufmärsche in amerikanischen Städte äußerst selten stattfinden. Die gesellschaftlichen Normenstehen dem im Weg.

Im Internet hingegen gibt es weder Scham, noch den kritischen Blick von Nachbarn. Hier können sich Randfiguren zu einer gemeinsamen Sache zusammenschließen, selbst wenn ihr zerfleddertes soziales Netz bloß aus binärem Code besteht. Man muss keinem Großzauberer des KKK oder einem IS-Führer begegnen, um sich von ihrer Sache mitreißen zu lassen. Selbstradikalisierung ist nicht nur eine Tatsache, bei einsamen, randständigen Seelen nimmt sie sogar immer weiter zu.

Eine ganze Armada von Journalisten ist damit beschäftigt, eine Taxonomie der Internetaktivitäten der extremen Rechten zu erstellen. Nach jedem Angriff eines Fanatikers auf eine Kirche, eine Moschee oder eine Synagoge, machen sich diese Experten gleich ans Werk, jedes Detail der Online-Persönlichkeit und des Verhaltens des Täters zu analysieren. Schaut her! Er besaß keine Ausgabe von *Mein Kampf*, aber er postete mal ein Meme von Pepe dem Frosch mit Hitlerbart. Und hier! Wenige Stunden bevor er die Synagoge betrat, postete John Earnest seine Viertausend-Wörter-Tirade auf 8chan, wo andere Nutzer ihn im Gamer-Jargon aufforderten, einen »Highscore« zu erreichen – also, so viele Menschen wie möglich zu töten.

Der Vorteil für Journalisten ist offenkundig: Es wirkt, als hätten sie Zugang zu einer geheimen Welt, die dem Durchschnittsleser verborgen bleibt. Aber dieser pseudo-anspruchsvolle Prozess der Entschlüsselung lässt das Thema fast mystisch erscheinen – dabei ist das Gegenteil der Fall. Eine Hakenkreuzkarikatur auf 8chan ist und bleibt ein Hakenkreuz. Der Rassismus und Antisemitismus, der im Internet in Form von Memes verbreitete wird, ist keine besondere neue Form von Rassismus und Antisemitismus, sondern der immer gleiche Hass. Was heute anders ist, was das Internet tatsächlich verändert hat, ist die Art, wie hasserfüllte und wütende Menschen eine Gemeinschaft finden und wie Interessierte, – Anleiter, Ideologen, Gestörte, Manipulatoren – an die mentalen, emotionalen und physischen Tötungswerkzeuge gelangen.

Um ihre Aktivitäten zu verschleiern, setzen die Anhänger der Alt-Right-Bewegung häufig Humor ein, um jegliche Verantwortung von sich weisen zu können. Sie fluten das Internet mit »ironischen« Kreationen wie »Shlomo

Shekelberg«, der Karikatur eines hinterhältigen, hakennasigen Juden, die direkt aus »Der Stürmer« stammen könnte, oder »Remove Kebab«, einem Video, das als antimuslimische Propaganda in Serbien entstand und nun als Platzhalter für die ethnische Säuberung von Moslems im Westen dient. Wenn der offensichtliche Rassismus solcher Kreationen angeprangert wird, sagen sie, es sei alles nur ein Witz, bloß ein paar lustige Memes. Entspannt euch, sagen Leute wie Milo Yiannopoulos. Es ist die gleiche Verteidigung, die auch der berüchtigte französische Komiker M'bala M'bala, Erfinder der antisemitischen Quenelle-Geste,[7] benutzt, wenn er seine Aussagen als urkomischen Witz bezeichnet. Kurze Zeit später tritt er dann mit Holocaust-Leugnern wie Robert Faurisson oder Mahmud Ahmadineschād auf.

Diese fadenscheinige Rechtfertigung erinnert mich an einen Satz von Jean-Paul Sartre: »Glaube niemals, dass Antisemiten sich der Absurdität ihrer Antworten nicht bewusst sind. Sie wissen, dass ihre Äußerungen frivol und anfechtbar sind. Sie erfreuen sich daran, dass ihr Gegner dazu verpflichtet ist Worte, an die er glaubt, verantwortungsvoll zu gebrauchen. Die Antisemiten haben ein Recht auf Schauspiel. Sie machen rhetorische Spielchen, führen lächerliche Argumente an und diskreditieren auf diese Weise die Ernsthaftigkeit ihrer Gesprächspartner. Es macht ihnen Spaß in böser Absicht zu handeln, denn sie versuchen nicht, durch gute Argumente zu überzeugen, sondern einzuschüchtern und zu verunsichern.«

7 Der sogenannte Quenelle-Gruß wird von dem antisemitischen Komiker Dieudonné M'bala M'bala, der 2009 mit der Antizionistischen Liste an der Europawahl teilnahm, als Protestausdruck gegen das politische Establishment bezeichnet. Kritiker sehen in der Geste hingegen eine Variation des Hitlergrußes.

Jüdische Journalisten wie Ben Shapiro oder Julia Joffe, deren Gesichter man für Gaskammer-Karikaturen benutzt und deren Familien Todesdrohungen erhalten, dürften das kaum witzig finden. Auch ich war immer wieder das Ziel dieser »Ironiker« und »Satiriker«. Meine frühere Redakteurin beim Tablet-Magazin, Alana Newhouse, schenkte mir einmal eine Halskette mit der Aufschrift »Kommentare verursachen Krebs«, nachdem ich das Ziel einer besonders bösartigen Online-Diffamierung geworden war. Ich betrachte es deshalb als ein besonders wichtiges Gebot, niemals den Kommentarbereich zu lesen. Aber im Januar 2019, nach einem Besuch bei dem bekannten Podcaster Joe Rogan, machte ich eine Ausnahme.

Ein paar Tage nach dem Auftritt traf ich mich mit einem Freund zum Frühstück, der ebenfalls bereits Gast in Joe Rogans Show war. Er war besorgt, dass bei mir »etwas schief gelaufen« sei. Ich würde online viel mehr negative als positive Reaktionen bekommen. Außerdem dominierten auch auf Youtube, wo das Video bereits eine Million Mal aufgerufen worden war, die ablehnenden Kommentare.

Ich erklärte mir die Reaktionen durch einen kleinen Fauxpas gegen Ende des Podcasts. Ich hatte die Präsidentschaftskandidatin Tulsi Gabbard kritisiert, eine Frau, die Russland gegenüber verdächtig unkritisch auftrat und ihrer Parteiführung verheimlichte, dass sie als demokratische Kongressabgeordnete nach Syrien gereist war und dort Bashar al-Assad getroffen hatte. Ich nannte Gabbard eine Assad-Verehrerin, ohne diese Ansicht mit ausreichend Informationen zu untermauern. (Wochen später bestand sie bei Morning Joe darauf, dass »Assad nicht der Feind der Vereinigten Staaten ist«, und ließ das geschwätzige MSNBC-Panel vorübergehend sprachlos zurück. Aber ok, es war nicht mein bester Moment.)

Als ich mir jedoch die Online-Kommentare ansah, stellte ich fest, dass das eigentliche Problem vielmehr darin bestand, dass ich eine jüdische Frau bin. Genauer gesagt, dass ich eine jüdische Frau bin, die sich anmaßt, ihre Ansichten – einschließlich jener, dass die Personen, die routinemäßig Israel dämonisieren, keine Kritiker des Staates, sondern Antisemiten sind – offen zu äußern.

Das Krebsgeschwür war für jeden, der sich die Kommentare unter den Videos ansah, deutlich sichtbar.

»Danke Joe, dass du diese wurzellose Kosmopolitin, diese Globalistin, diese Schwindlerin in deine Sendung eingeladen hast.« Man hatte mich zu einer Art Soros gemacht, einer Internationalistin, die keiner Nation gegenüber loyal ist. Andere waren gleich auf Gewalt aus: »Einer der schlimmsten Menschen, die heute unter uns sind. Ihr wisst, was mit diesem Parasiten geschehen sollte.«

Mehr als eine Person postete ein Zitat, das fälschlicherweise Voltaire zugeschrieben wird: »Wenn du wissen willst, wer über dich herrscht, sieh dir an, wen du nicht kritisieren darfst«. Eine Abwandlung eines Satzes, der eigentlich auf den amerikanischen weißen Nationalisten und Holocaust-Leugner Kevin Strom zurückgeht. (Der Schauspieler John Cusack sorgte im Juni für Schlagzeilen, als er auf Twitter die Karikatur einer Davidstern-Hand, die eine Gruppe kleiner Menschen zerquetscht, darunter der gleiche Spruch, auf Twitter teilte. Seine Verteidigung war vollkommen lächerlich: »Ich dachte nicht an ›Juden‹, als ich es sah … Alles, was mir durch den Kopf ging war ›Israel‹.«)

In zahlreichen Kommentaren unter dem Rogan-Video war mein Name oder gleich der gesamte Kommentar mit drei Klammern umrahmt. Etwa: »Joe und (((Bari))) sind beide Krebs.« Die dreifachen Klammern existieren bereits so lange in der Meme-Welt, dass Juden sie mit einem gewissen frechen Stolz online übernommen haben. Ursprünglich wurde das Echo – so wird die Kennzeichnung häufig genannt – verwendet, um die jüdische Identität einer Person kenntlich zu machen, ohne sie direkt zu benennen. In vielen Kommentaren über mich erschienen die Klammern angesichts des ausdrücklichen Antisemitismus der Worte überflüssig:

(((Reibt die Hände gierig zusammen)))

Oder:

(((Hört Münzen auf den Boden fallen, rennt los, um sie aufzuheben)))

Und:

(((warum sind es immer die gleichen)))

Während einige der Kommentare auch von einem Nazi aus den 1940er Jahren stammen könnten (»Kommunistischer Anti-Weißer-Jude«), wurden andere als Kritik an Israel getarnt, die aber schnell in Tiraden über die Rothschilds übergingen. Etwa folgendes Juwel: »In einem Monat werden mehr Amerikaner von illegalen Ausländern getötet als Isrealis [sic] von Palästinensern in einem Jahr. Dennoch schicken wir Israel fast 4 Milliarden pro Jahr, um für ihre riesige Mauer und Grenzsicherung zu bezahlen. Und wir können nicht einmal einen Maschendrahtzaun entlang unserer Grenze bauen. Im Jahr 2001 gab es 8 Länder ohne eine Zentralbank im Besitz der Rothschilds und jetzt sind nur noch 4 übrig. Wir haben Milliarden von Dollar und Tausende von amerikanischen Leben ausgegeben, nur um Jacob Rothschild mehr Schuldsklaven zu geben.«

Wie ein Kommentator es treffend formulierte: »Es gibt hier einen kompletten Kommentarbereich von Goyim knowing« – »da Goyim know« ist ein weiteres Meme über die jüdische Weltverschwörung. Der Kommentator bezeichnete die antisemitischen Bemerkungen als »wunderschön«. Monate sind vergangen, und diese Trolls greifen mich weiterhin ohne Unterlass an, fragen mich zum Beispiel, ob ich mit Toucan Sam[8] verwandt bin. Offenbar haben wir ähnliche Nasen.

* * *

Für manche Antisemiten auf der extremen Rechten wird der Zionismus – nicht als real existierender, sondern eine verdrehte, der ethnonationalistischen Phantasie entsprungene Version – zum ultimativen Feigenblatt. Sie sehen sich als uneingeschränkte Verteidiger Israels, israelfreundlicher sogar als die meisten amerikanischen Juden. Wie also sollten sie antisemitisch sein?

Während die meisten Juden Israel unterstützen und bewundern, weil das Land danach strebt ein Exponent der liberalen Demokratie im Nahen Osten zu sein, weil es die Erfüllung einer biblischen Verheißung ist und weil zweitausend Jahre Geschichte bewiesen haben, dass das jüdische Volk einen sicheren Hafen und eine Armee braucht, »lieben« rechte Antisemiten Israel aus demselben Grund, aus dem sie Einwanderer verachten: Israel löst das Problem, das sie mit den Juden in ihrer Gesellschaft haben. Das Israel, das sie sich vorstellen, gleicht eher einem antiislamischen Sparta, als einer Demokratie mit einer großen (fast zwanzig Prozent) moslemischen Minderheit. Im israelischen Sender Channel 2 sagte Richard Spencer im Jahr 2017 deshalb auch: »Man könnte sage, dass ich ein weißer

8 Toucan Sam ist eine Cartoon-Werbefigur für Frühstücksflocken. (A.d.Ü.)

Zionist bin – in dem Sinne, dass mein Volk mir am Herzen liegt und dass ich mir eine sichere Heimat für uns wünsche.« Yair Rosenberg hat diesen verdrehten und verlogenen Trick in Tablet auf prägnante Weise zusammengefasst: »Die Alt-Right macht sich heimtückisch die tief verwurzelten Werte von Liberalen und Minderheiten zu eigen, um diese anzugreifen«. Weiter: »Auf diese Weise wird die Rückkehr der Juden in ihre autochthone Heimat von weißen Nationalisten, die nicht zur autochthonen Bevölkerung gehören, umgedeutet, um die Vertreibung von Juden und anderen Minderheiten aus dem Land zu rechtfertigen.«

Es ist eine Tragödie, dass die Netanjahu-Regierung es durch ihre Verbindungen zu rechtsgerichteten Regierungen in Ungarn oder Polen, deren Staatsoberhäupter sich als glühende Verteidiger Israels gerieren, während sie Vorurteile und Holocaust-Relativierung verbreiten, der Alt-Right erleichtert hat, solche Ansichten zu verbreiten.

Die Logik der israelischen Regierung sieht folgendermaßen aus: Israel steht allein in einer feindlichen Welt und befindet sich in einer besonders gewalttätigen Nachbarschaft. Es braucht deshalb alle Freunde, die es bekommen kann. Für Bibis Regierung, so sagte mir ein hoher israelischer Beamter, ist die Ideologie von Viktor Orbán eine weit geringere Bedrohung für das Weltjudentum als diejenige Jeremy Corbyns. So werden wir Zeugen eines atemberaubenden Spektakels: Rodrigo Duterte, der Präsident der Philippinen, der sich selbst mit Hitler vergleicht, wird in Yad Vashem, dem israelischen Holocaust-Museum, mit allen Ehren behandelt.

Mir ist klar, dass alle Nationen Realpolitik betreiben und dass Israel mit dem Eingehen solcher Bündnisse beweist, dass es ein normales Land ist. Aber die Umarmung dieser autoritären Kräfte durch die israelische Regierung ist, zumindest im Moment, sehr schmerzhaft für jeden, der wie ich der Ansicht ist, dass ein jüdischer Staat auch von jüdischen Werten durchdrungen sein sollte. Glücklicherweise sieht Israels aktueller Präsident, Reuven Rivlin, das ebenso: »Man kann nicht sagen: ›Wir bewundern Israel und wollen Beziehungen zu eurem Land, aber wir sind Neofaschisten.‹ Neofaschismus ist absolut unvereinbar mit den Prinzipien und Werten, auf denen der Staat Israel gegründet wurde.«

* * *

Diejenigen, die in der Wahl Trumps lediglich eine Überreaktion auf die progressive Präsidentschaft Barack Obamas sahen, litten unter einem eklatanten Mangel an Vorstellungskraft. Donald Trump ist das Symptom eines Trends, der den ganzen Globus erfasst hat. Überall wenden sich die Menschen vom Internationalismus, der Globalisierung und offenen Grenzen ab und dem Nationalismus und Isolationismus zu. Nirgendwo ist diese Entwicklung deutlicher als in Europa, wo sich vor allem junge Menschen für den Autoritarismus erwärmen und der liberalen Demokratie den Rücken kehren.

Niemand hat diese Bewegung besser analysiert als die Historikerin und Washington Post-Kolumnistin Anne Applebaum und der Politikwissenschaftler Yascha Mounk (*The People vs. Democracy*[9]). Beide konnten eindringlich darlegen, warum die Dämonisierung von Minderheiten

9 Yasha Mounk, Der Zerfall der Demokratie: Wie der Populismus den Rechtsstaat bedroht. München 2018, S. 352 (A.d.Ü.)

und Juden zu den Hauptforderungen dieser Populisten gehört.

All diese Parteien und Personen greifen zunächst echte Herausforderungen auf, die ihre Länder belasten. Sie weisen auf dramatische demografische Veränderungen hin, sei es durch Flüchtlinge, Wirtschaftsmigration oder einfach durch die Geburtenrate. Sie betonen die anhaltende wirtschaftliche Stagnation in der Mittel- und Arbeiterklasse, die das unvermeidliche Ergebnis von Automatisierung und Globalisierung ist. Sie sagen, dass sich der größte Teil des Reichtums in den Händen einiger Weniger befindet und dass der Verlust einer kohärenten gemeinsamen Kultur, die Schwächung der Religion und der Zerfall kultureller Institutionen dazu führt, dass Menschen sich einsam und abgehängt fühlen.

Verantwortungsbewusste Politiker in stabilen Gesellschaften würden nüchtern über diese Herausforderungen sprechen und Maßnahmen und Kompromisse zu der Bewältigung solcher Probleme anbieten. Autoritär regierende Politiker übertreiben und dämonisieren hingegen, und schlagen oft grausame und primitive Lösungen vor. Erinnert sei etwa an Trumps Einreiseverbot für Moslems.

In Ermangelung eines gesunden Zentrismus üben sich viele progressive Politiker eher in Ausweichmanövern. Sie ignorieren die realen sozialen Spannungen im Zusammenhang mit der Masseneinwanderung, weil sie nicht wissen, wie sie diese ansprechen sollen, ohne Fremdenfeindlichkeit zu schüren, ihre vermeintliche Basis zu verprellen oder als Fanatiker verleumdet zu werden. Sie machen Patriotismus verächtlich, weil sie Angst haben dadurch Nationalismus zu schüren oder zumindest dessen bezichtigt zu werden. Sie ignorieren die Notwendigkeit einer Rückkehr zu einer gemeinsamen Kultur oder gar bürgerlichen Werten, um nicht der Beförderung kultureller Intoleranz beschuldigt zu werden.

Die Tragweite dieses Fehlers lässt sich kaum überbewerten. Journalisten wie David Frum und James Kirchick oder Wissenschaftler wie Karen Stenner (*The Authoritarian Dynamic*[10]) und Eric Kaufmann (*Whiteshift*[11]) beschreiben wie Progressive dieses politische Feld Akteuren der extremen Rechten überlassen. In Ermangelung ernsthafter liberaler Antworten auf diese wichtigen Fragen, erscheinen dem Durchschnittswähler, der Liberale oftmals als ausweichend und abgehoben wahrnimmt, Populisten umso attraktiver. Vor allem, weil diese ihm ein einfaches Versprechen machen: Sie werden die Bedürfnisse der »echten« Bürger ihres Landes in den Vordergrund stellen, das Land seinen eigentlichen Eigentümern zurückgeben, ihre Aufmerksamkeit nach innen richten und die Abenteuer im Ausland beenden. Sie werden »Amerika an die erste Stelle« setzen.

Für die Enttäuschten, Frustrierten und Zurückgelassenen ist dies eine Botschaft, deren Anziehungskraft man nicht unterschätzen sollte. Aus diesem Grund brauchen wir einen gesunden Patriotismus, amerikanischen Stolz und ein ehrliches Gespräch über schwierige Themen wie etwa Einwanderung. Das ist sowohl für die Zukunft der liberalen Demokratie als auch um der Juden willen notwendig, die für diese populistischen Nationalisten den perfekten Sündenbock abgeben.

Das ist der Moment an dem meine konservativen und Trump-interessierten Leser missmutig reagieren. Sie bestehen darauf, dass der Antisemitismus der Alt-Right im

10 Karen Stenner, The authoritarian Dynamic. Cambridge 2005, S. 392
11 Eric Kaufmann, Whiteshift: Populism, Immigration and the Future of White Majorities. New York 2019, S. 624

Gegensatz zum Antisemitismus der britischen Labour-Partei, der von den ganz oben koordiniert und geäußert wird, ohne wirkliche Substanz ist. Diese Einschätzung scheint auch vom Direktor des FBI, Christopher Wray, geteilt zu werden, für den rechtsextreme, rassistische Gewalt tendenziell »weniger organisiert« ist und von »Einzelpersonen im Gegensatz zu einer strukturierten Organisation« getragen wird.

Sie weisen darauf hin, dass zwar beide Häuser des Kongresses für die Verlegung der Botschaft nach Jerusalem gestimmt haben, aber nur Trump, in völliger Missachtung der Feinheiten diplomatischer Heuchelei, dem Willen des amerikanischen Volkes nachkam. Nur Trump war bereit, die israelische Souveränität über die Golanhöhen anzuerkennen und damit die Möglichkeit auszuschließen, dass diese jemals wieder in die blutigen Hände von Assad zurückfallen.

Die Anhänger Trumps mögen eingestehen, dass sie ihn eigentlich ekelhaft finden, dass er furchtbare Dinge über Minderheiten und sogar antisemitische Äußerungen von sich gegeben hat. Und doch habe Trump auch den Antisemitismus unmissverständlich verurteilt, was man von vielen Politkern der Demokratischen Partei nicht behaupten könne. In seiner Rede zur Lage der Nation im Februar 2019 sagte er über den Iran: »Wir werden unsere Augen nicht von einem Regime abwenden, das ›Tod für Amerika‹ skandiert und mit Völkermord am jüdischen Volk droht. Wir dürfen das abscheuliche Gift des Antisemitismus und diejenigen, die sein giftiges Credo verbreiten, niemals ignorieren. Wir müssen diesem Hass mit einer Stimme entgegentreten, wo auch immer er auftritt.« Nach dem Attentat von Pittsburgh verurteilte er die Tat in aller Deutlichkeit und offenbarte dabei sein Verständnis von

Antisemitismus: »Dieser abscheuliche Massenmord ist das reinste Böse, kaum zu glauben und, offen gesagt, unvorstellbar.«

Und weiter: »Der Antisemitismus und die weit verbreitete Verfolgung von Juden ist eine der hässlichsten und dunkelsten Erscheinungen der Menschheitsgeschichte. Das abscheuliche, hasserfüllte Gift des Antisemitismus muss verurteilt und bekämpft werden, wann immer und wo immer es auftritt.« Unabhängig davon, was man von Trump hält, war diese Aussage sehr deutlich.

Dennoch widmete ein Autor des *New Yorker* einen ganzen Artikel der Formulierung »offen gesagt« in diesem ersten Satz – was für die Trump-unterstützenden Juden nur ein weiterer Beweis dafür war, dass die positive Haltung des Präsidenten gegenüber der jüdischen Gemeinschaft ignoriert wurden.

Außerdem können sie darauf hinweisen, dass viele Extremisten, darunter auch die Mörder von Pittsburgh und Poway, Donald Trump verachteten. Manche Rechtsradikale beschuldigen ihn, mit den Juden unter einer Decke zu stecken, ein Globalist zu sein, seine Tochter an einen Juden verschenkt zu haben und von der jüdischen Lobby oder der ZOG, der von Zionisten besetzten Regierung, kontrolliert zu werden.

Aber all das übersieht die schreckliche Wahrheit, dass Donald Trump in den fast drei Jahren, die er im Amt ist, die ungeschriebenen Regeln unserer Gesellschaft, die den amerikanischen Juden und damit auch Amerika Sicherheit boten, schamlos über den Haufen geworfen hat. Der Schaden, der dadurch entsteht, kann gar nicht unterschätzt werden. Gute oder schlechte politische Entscheidungen können rückgängig gemacht werden und Politiker kann man abwählen, aber eine zerstörte, zertrümmerte und zur Unkenntlichkeit verzerrte Kultur? Die wieder herzustellen ist wesentlich schwieriger.

* * *

In Bezug auf den rechten Antisemitismus, gibt es, wenn man das überhaupt sagen kann, zwei Gründe zur Hoffnung. Der erste ist, dass er sich deutlich zu erkennen gibt und offen zu seinen Zielen steht. Der zweite: Im Kampf gegen Neonazis sind Juden mit ihren natürlichen politischen Alliierten verbündet: den Liberalen. Wenn die extreme Rechte uns angreift, finden wir Empathie und Unterstützung bei den Progressiven, die in unseren Vierteln und an unseren Arbeitsplätzen zumeist in der Überzahl sind. Wir sind die richtige Art von Opfern mit der richtigen Art von Feinden.

Obwohl weiße Rassisten in der Regel am gewalttätigsten sind (wenn jemand mit einer Waffe in Ihre Synagoge eindringt, ist die Wahrscheinlichkeit sehr hoch, dass es sich um eine Person der extremen Rechten handelt), machen sie nur einen kleinen Prozentsatz der antisemitischen Übergriffe aus. Nach Angaben der Anti-Defamation League gab es 2018 in Amerika 1.879 antisemitische Vorfälle. Nur 13 Prozent davon (249) wurden von Mitgliedern weißer suprematistischer Gruppen verübt. »Das deutet darauf hin, dass der Anstieg antisemitischer Vorfälle nicht das Ergebnis einer riesigen Untergrundverschwörung und einer extensiven Rekrutierung durch weiße nationalistische Gruppen ist«, sagte mir ADL-Chef Jonathan Greenblatt. »Was wir beobachten ist eigentlich viel schlimmer. Wir sehen eine Normalisierung des Antisemitismus. Um Humor auszudrücken, um Frustration auszudrücken, um Angst auszudrücken, um es einfach rauszulassen.« In New York

City, der Stadt mit der größten jüdischen Bevölkerung des Landes, laufen nicht viele weiße Rassisten herum. Und doch richteten sich hier 2019, laut NYPD, mehr als die Hälfte (57 Prozent) aller Hassverbrechen gegen Juden. Es sind die Art von Angriffen, wie sie etwa Avram Mlotek, ein junger Kippa tragender Rabbiner, immer wieder in der Stadt erlebt hat. Neulich schrie ihn jemand in der U-Bahn-Station 168th Street in Washington Heights an: »Der Jude ist verdammt gefährlich. Du bist sehr gefährlich. Ich will alle Juden raus aus Kuba und Palästina. Die Juden sind sehr gefährlich!« Ein anderes Mal saß Mlotek in der Bahn einem Mann gegenüber, der ein Porträt von Louis Farrakhan hochhielt. »Das ist ein echter Jude«, sagte er. »Du bist ein verdammtes Fake.«

Zum Leidwesen der Juden können wir uns nicht aussuchen, wer uns hasst.

Kapitel 4

Die Linke

Unterscheidet sich der Antisemitismus, der in den Juden bösartige, die Welt kontrollierende Kapitalisten sieht, von dem Antisemitismus, der sie für bösartige, die Welt kontrollierende Kommunisten hält? Unterscheidet sich der Antisemitismus, der Juden den Vorwurf macht, eine nichtjüdische Macht zu manipulieren und auszunutzen, von dem Antisemitismus, der Juden beschuldigt, selbst eine manipulierende und ausbeuterische staatliche Macht zu sein? Unterscheidet sich der Antisemitismus, der behauptet, Juden seien heimliche Verräter an der weißen Rasse, von dem Antisemitismus, der behauptet, sie seien heimliche weiße Rassisten? Unterscheidet sich der Antisemitismus, der behauptet, die Juden hätten Traditionen gestürzt, von dem Antisemitismus, der behauptet, sie stünden dem Fortschritt im Weg? Unterscheidet sich der Antisemitismus, der uns den jüdischen Stern aufzwingt, von dem Antisemitismus, der uns das Tragen dieses Symbols verbietet?

Die eine Form des Hasses kommt von der politischen Rechten, die andere von der Linken. Sie mögen auf den ersten Blick sehr unterschiedlich erscheinen, aber sie sind Spiegelbilder des gleichen Wahns. Und beide kommen, wenn auch unterschiedlich schnell, zu demselben Ergebnis: Eliminiert den Juden.

Dennoch neigen amerikanische Juden dazu, Antisemitismus viel stärker wahrzunehmen, wenn er aus der politischen Rechten kommt, was sicherlich mit dem langen Schatten zu tun hat, den Hitler auf uns wirft. Aber es dürfte ebenfalls daran liegen, dass amerikanische Juden – aus guten Gründen – eine tiefe Affinität zur politischen Linken haben.

Für Juden, die vor der Unterdrückung in Osteuropa flohen, bestand die einzige natürliche Heimat in der Partei des Außenseiters, des Immigranten und des Außenseiters. Die aschkenasischen Juden, die ab dem 19. Jahrhundert massenhaft nach Amerika zogen, nahmen schnell ihren Platz in den progressiven Bewegungen ein und führten diese gelegentlich sogar an. Und obwohl amerikanische Juden häufig finanziell erfolgreich wurden, wechselten sie nicht ins Lager der Republikaner, sondern blieben den Demokraten treu. Zumindest bis jetzt.

Jenseits offensichtlicher politischer Gründe gibt es für die jüdische Neigung zur Linken vermutlich auch noch tiefergehende religiöse Motive. Wie Steven R. Weisman in seinem kürzlich erschienenen Buch »The Chosen Wars«[12] darlegt, schufen die Juden in Amerika ein vollkommen neues Judentum – ein Judentum, das sich weitgehend von einer bestimmten geografischen Lage (dem Land Israel) und einem bestimmten Ziel (dem messianischen Zeitalter) gelöst hat. In dieser Neufassung wurde Amerika zum gelobten Land, und der Gedanke des *Tikun Olam*, der Wiederherstellung der Welt, trat an die Stelle des Messias. Das Ziel der amerikanischen Juden, insbesondere der nicht-orthodoxen, bestand folglich nicht mehr darin, in das Heilige

12 Steven R. Weisman, Chosen Wars. How Judaism became an american Religion. New York 2019, S. 384

Land zurückzukehren (schließlich befanden sie sich bereits dort) oder durch Gebete das messianische Zeitalter einzuleiten. Stattdessen bestand ihre Aufgabe darin, ihr neues Israel zu perfektionieren und selbst zu den Werkzeugen des messianischen Zeitalters Amerikas zu werden. Die Rettung Amerikas würde nicht vom Himmel kommen, sondern von den amerikanischen Juden selbst.

Das Problem mit dieser als natürlich vorausgesetzten Verbindung zwischen liberaler Politik und Juden ist, dass sie zu der Annahme verleitet, Antisemitismus sei nur ein Problem der Rechten. Hierbei handelt es sich jedoch um ein Hirngespinst, das sich bei der geringsten Untersuchung auflöst. So wie es einen modernen Antisemitismus gibt, der auf Hitler zurückgeht, so gibt es auch einen modernen Antisemitismus, der mit Lenin begann und mit Stalin an Intensität zunahm.

Der Hitler-Antisemitismus verkündet seine Absichten unmissverständlich, aber der linke Antisemitismus gibt sich, nicht anders als der Kommunismus, als sein Gegenteil aus. Der Antisemitismus, der von der politischen Linken ausgeht, ist heimtückischer und womöglich existenziell gefährlicher, weil er leicht zu Zwecken der Manipulation in den Mainstream eingepflanzt werden kann. Nach Gerechtigkeit, Fortschritt und Solidarität sehnt sich schließlich jeder. Wer wissen möchte, was auf dem Spiel steht, braucht nur einen Blick auf die andere Seite des Teiches zu werfen, wo der Antisemit Jeremy Corbyn mit großem Erfolg eine große Partei in ein antijüdisches Sammelbecken verwandelt hat.

Der Corbynismus ist nicht auf Großbritannien beschränkt. In Amerika bauen Linke, die Corbyns Weltanschauung teilen, Basisbewegungen auf und bilden innerhalb der Demokratischen Partei Fraktionen, die aktiv gegen jüdischen Einfluss, gegen Israel und letztlich gegen Juden gerichtet sind. Diejenigen Juden, die in diesen Gruppen weiterhin als Progressive gelten wollen, werden aufgefordert, immer mehr von ihrer Person auszulöschen.

Manche von ihnen wissen nicht, was sie zu verlieren riskieren, da sie wenig über jüdische Geschichte wissen oder das Judentum in ihrer Erziehung keine große Rolle spielte. Andere hingegen wissen ganz genau, was auf dem Spiel steht. Wenn sie sich darauf einlassen, dann nicht weil ein Regime nach Art der Sowjetunion ihnen mit Jobverlust, Zwangsarbeit oder Schlimmeren droht. Sie treffen diese Entscheidung aus freien Stücken, um nicht aus ihren Communities ausgeschlossen zu werden. Es ist ihnen schlicht daran gelegen sich nicht von Institutionen zu entfremden, in die sie Zeit und Geld investiert haben, in denen sie sich heimisch fühlen und die sie mitgegründet haben. Und sie haben Angst, ihren guten Ruf zu verlieren, was im digitalen Zeitalter ganz schnell gehen kann.

Wann immer ich mich mit Gemeindemitgliedern unterhalte, begegnen mir solche Menschen. Sie neigen dazu, mit ihrer Beichte bis zum späten Abend zu warten, nachdem sich die Menge gelichtet hat oder nach ein paar Gläsern Wein. Dabei handelt es sich stets um das gleiche Geständnis: Ich verberge, wer ich wirklich bin. Und damit meinen sie nicht ihre Sexualität oder ihre geschlechtliche Identität, sondern ihr Judentum und ihren Zionismus.

Warum tun die Juden das? Genauer gesagt, warum müssen sie sich in den progressiven Kreisen, in denen sie leben, in denen sie protestieren, sich privat treffen, heiraten und in denen bereits ihre Eltern verkehrten, verstecken? In den Kreisen, die von Authentizität geradezu besessen sind und so großen Wert auf bevorzugte Pronomen legen?

Sie tun dies, weil sie wissen, dass die progressive Ideologie sie zunehmend vor eine Wahl stellt. Gehören Sie zu den Guten oder zu den Bösen? Stehen Sie auf der Seite der Rassisten oder der Opfer? Gehören Sie zur Koalition der Unterdrückten oder zu derjenigen der Unterdrücker?

Es gibt immer mehr progressive Organisationen, die Juden nur dann willkommen heißen, wenn sie sich von bestimmten Positionen distanzieren. Während es früher ausreichte, die Politik der israelischen Regierung, insbesondere den Umgang mit den Palästinensern, zu kritisieren, muss man heute die Existenz Israels selbst anprangern. Und während es früher ausreichte, sich von der Jewish Defense League[13] zu distanzieren, muss man sich jetzt gegen jegliches jüdische Selbstbewusstsein aussprechen. Jüdischer Erfolg an sich gilt heute als anrüchig und aus der Dämonisierung der israelischen Regierung wurde eine Dämonisierung jeglicher jüdischer Bewegung für Selbstbestimmung.

Dieses Angebot, das eigentlich ein Ultimatum ist, erklärt einiges.

Es erklärt, warum jüdische Anhängerinnen des Women's March antisemitisch angegriffen und von den Anführerinnen ausgeschlossen wurden.

Es erklärt, warum jüdische Studenten der Universität von Virginia nicht in ein von Minderheiten geführtes antirassistisches Bündnis aufgenommen wurden.

Es erklärt, warum Michael Goldstein, ein religiöser und zionistischer Dozent am Kingsborough Community College in Brooklyn, Opfer einer menschenverachtenden

13 Die Jewish Defense League (Jüdische Verteidigungsliga) ist eine militante Organisation, die sich zum Ziel gemacht hat, Juden in Diaspora mit allen Mitteln zu schützen. Gegründet wurde sie von Rabbi Meir Kahane in den 1960er Jahren in Brooklyn, New York, als Reaktion auf Übergriffe durch afroamerikanische Gangs und Neonazis. (A.d.Ü.)

Kampagne wurde. Es fing damit an, dass jemand »kill Zionist Entity« auf ein Foto seines verstorbenen Vaters (ein ehemaliger Präsident der Schule) gekritzelt hatte, anschließend wurden auf dem Campus Flugblätter verteilt, in denen Goldstein Rassismus vorgeworfen wurde. Einige enthielten auch Fotos seiner dreizehnjährigen Tochter. Er wird jetzt rund um die Uhr von einem Sicherheitsdienst bewacht.

Es erklärt, warum andauernd gegen Manny's, ein beliebtes linkes Café und Veranstaltungsraum in San Francisco, protestiert wird. Der Besitzer, ein schwuler, progressiver mizrachischer Jude, hat sich nämlich schuldig gemacht, ein »Zionist und Gentrifizierer« zu sein.

Es erklärt, warum jüdische Lesben, die Regenbogenfahnen mit Davidstern mit sich führten, 2017 aus dem Dyke March in Chicago vertrieben wurden. Zwei Jahre später galten solche Fahnen auf dem Dyke March in Washington D.C. grundsätzlich als verboten, da sie »nationalistische Symbole« seien. Diese Entscheidung zeugte von einer erstaunlichen Unkenntnis, wenn man bedenkt, dass der jüdische Stern bereits im dritten Jahrhundert Synagogen zierte. Und die Vorstellung, der Stern sei lediglich ein Symbol jüdischer Macht, ist eine atemberaubende Behauptung, angesichts all der Menschen, die von den Nazis gezwungen wurden, den gelben Stern zu tragen. Die Neonazis, die am gleichen Wochenende auf einer Pride-Feier in Detroit erschienen, um auf eine israelische Flagge zu urinieren, wussten das.

Um es klar auszudrücken: Das Gegenmittel zur Diffamierung des Davidsterns, als Zeichen jüdischer Selbstbestimmung, besteht nicht darin den gelben Stern, mit denen die Nazis ihre Opfer kennzeichneten, anzunehmen – auch, wenn dies von manchen Gruppen erwünscht wird. Im Gegenteil, der Davidstern sollte in all seinen unterschiedlichen altertümlichen und modernen Fassungen in unserem Alltag Verwendung finden, sei es auf der Fahne der jüdischen Heimstätte oder auf den Gräbern jüdisch-amerikanischer Soldaten in Arlington.

Wie die Journalistin Batya Ungar-Sargon bemerkte: »Wenn in deiner Bewegung nur Platz für die 3 Prozent der Juden ist, die nicht für Israel sind, dann schließt deine Bewegung effektiv Juden aus.« Die Organisatoren des Marsches aber bestanden darauf, das Verbot gelte nur für Symbole von »Nationen, die bestimmte unterdrückerische Tendenzen haben«. Das macht die Entscheidung, Fahnen Palästinas, wo Homosexualität gesellschaftlich geächtet ist und von Gruppen wie der Hamas mit dem Tod bestraft wird, explizit und ganz selbstverständlich zuzulassen, noch absurder. (Eine Pew-Umfrage aus dem Jahr 2014 ergab, dass nur ein Prozent der Palästinenser Homosexualität für »moralisch akzeptabel« hält.)

Es lohnt sich, hier kurz innezuhalten und diese atemberaubende historische Wendung zur Kenntnis zu nehmen. Während der Antisemitismus einst die Kennzeichnung von Juden verlangte, fordert der heutige Antisemitismus, dass sie in bestimmten progressiven Kreisen sich unkenntlich machen.

Und so wie Rechtsextreme eine Ausrede haben, wenn sie des Antisemitismus beschuldigt werden – wir mögen Juden, solange sie sich selbst nach Israel deportieren und unser Land nicht beschmutzen –, so haben auch die Linken eine Ausrede entdeckt: Wir haben nichts gegen Juden, solange sie ihren sturen Partikularismus ablegen und sich erfolgreich unseren sich ständig verändernden Vorstellungen von Gerechtigkeit und Gleichheit fügen. Juden sind willkommen, solange sie eine Art säkulare Konversion vollziehen und alles (oder das meiste) verleugnen, was sie überhaupt erst zu Juden macht. Wurde früher die Konversion zum Christentum gefordert, so haben Juden heute den Antizionismus anzunehmen.

Diese und zahllose weitere Fälle, sind der Grund, weshalb so viele Juden sich vorauseilend selbst zensieren, bevor sie liberale Orte betreten. Wie oft schon haben mir Menschen mitgeteilt, dass sie ihre Kippa ablegen, bevor sie ins Universitätsseminar gehen, dass sie lieber weghören, wenn wieder jemand Israel das Existenzrecht abspricht, dass sie Bemerkungen über »weiße Juden« unkommentiert lassen, dass sie nicht eingreifen, wenn Juden der »falschen Sorte« erniedrigt und entwürdigt werden.

Die wenigsten von ihnen befürchten Opfer physischer Gewalt zu werden. Was diese Juden hingegen fürchten, ist etwas, das zugleich viel wahrscheinlicher und intimer ist: moralische Verurteilung, soziale Ächtung und persönliche Herabwürdigung durch Gleichaltrige, Professoren, Freunde und politische Verbündete. Wer ein guter Progressiver sein möchte, muss zunehmend die jüdische Geschichte verzerren und sich vom jüdischen Staat lossagen. Wer die Wahrheit ausspricht, geht das Risiko ein, Karriere, Ruf und Ansehen zu verlieren. Da diese Gewalt sich meistens nicht physisch äußert, entgegnen mir viele progressive Lehrer und Freunde, jeder Vergleich zwischen Rechtsradikalen und der Linken sei absurd. »Echte« Antisemiten würden sich nicht bloß einer völlig überzogenen Israelkritik schuldig machen, sondern auf Synagogen schießen. Und das würden nur die Rechten machen, weshalb es unverantwortlich sei, auch nur einen Bruchteil der Aufmerksamkeit auf andere zu lenken. Als wäre Hass ein Nullsummenspiel.

Manche werfen mir vor, meine Plattform zu nutzen, um über ein Phänomen zu schreiben, das weitaus weniger dringlich und nur selten tödlich ist. Aber wann genau ist der richtige Zeitpunkt darüber zu sprechen?

Es stimmt natürlich, dass linke Professoren, Aktivisten, Angestellte in der IT-Branche, Künstler, Anwälte und Ärzte nicht zu der Sorte von Amerikanern gehören, die automatische Waffen besitzen. Sie werden auch niemals unverblümt einen Satz wie »Tötet die Juden« von sich geben. Nein, Antisemitismus, der von der Linken ausgeht, ist eine viel subtilere und raffiniertere Angelegenheit. Er tarnt sich zumeist mit einer Sprache, die jüdischen Zungen und Ohren vertraut ist: die Sprache der sozialen Gerechtigkeit und des Antirassismus, der Gleichheit und der Befreiung.

Diese Spielart des Antisemitismus drapiert sich mit dem falschen Deckmantel der politischen Differenz – man übt bloß »Kritik an Israel«, man hält es nur mit dem »Antizionismus« – und fordert Lob ein für das Einstehen für edle Ziele: Kampf gegen Rassismus, Kampf gegen Nationalismus, Einsatz für die Unterdrückten. Auf diese Art immunisiert er sich gegen jegliche Kritik. Gemäß dieser kranken Gleichung, verteidigt jede Person, die darauf hinweist, dass der Antizionismus antisemitisch ist, tatsächlich Nationalismus und Rassismus. Das erinnert mich an Susan Sontags berühmte Bemerkung, der Kommunismus sei ein Faschismus mit menschlichem Antlitz.

Und doch fällt es vielen schwer, linken Antisemitismus als bedrohlich zu empfinden, weil er, zumindest anfangs, nur versucht, Juden zu marginalisieren, anstatt sie zu ermorden.

Ben Hecht, einer der größten Drehbuchautoren seiner Generation, schrieb 1944 in »A Guide for the Bedevilled«[14] über dieses Dilemma. Hecht beschreibt darin, wie

14 Ben Hecht, A Guide to the Bedevilled. New York 1944, S. 276

er einen Brief von einer anonymen Person erhielt: »Quer über die Seite waren in großen roten Buchstaben die Worte ›Tötet alle Juden‹ gekritzelt.« Er überlegte, wer den Brief abgeschickt haben könnte. Wahrscheinlich war es nicht der klügste Mann, wahrscheinlich jemand, der sich mit Vergnügen die Angst ausmalte, die Hecht beim Lesen verspüren würde. Aber, so Hecht, »nicht alle Antisemiten schreiben mit roten Buntstiften. Viele von ihnen schreiben mit feiner Tinte, Monsieur Voltaire zum Beispiel. Monsieur Voltaire erreicht mich nicht mit der Post. Er steht in meinem Bücherregal mit all den, zwischen Buchdeckeln lebenden, elektrisierenden Sätzen«

Und der Brief mit den roten Buchstaben? Ben Hecht beförderte ihn einfach in den Mülleimer. Leider ist Voltaire, der Fürst der Vernunft, viel schwieriger zu verwerfen. »Monsieur Voltaire liegt offen auf meinem Schreibtisch«, schreibt Hecht. »Er ist wesentlich redegewandter als mein Korrespondent aus Hollywood. Er deprimiert mich viel mehr. Vielleicht liegt das daran, dass ich für Verbrechen des Intellekts empfindlicher bin als für solche des Körpers. Sie sind gefährlicher – weil sie dauerhafter sind.«

Neonazis abzulehnen ist einfach. Wir wissen, dass sie uns den Tod wünschen. Antisemiten mit Doktortitel hingegen, die ihre Bigotterie als aufgeklärtes Denken verteidigen, sind schwieriger zu bekämpfen. Und so sehen sich die amerikanischen Juden gleichzeitig zwei verschiedenen Ängsten ausgesetzt: Die Angst von weißen Herrenmenschen erschossen und die Angst als weiße Herrenmenschen bezeichnet zu werden.

* * *

2017 richteten sich 58,1 Prozent aller religiös motivierten Hassverbrechen in den Vereinigten Staaten gegen Juden (18,6 Prozent gegen Muslime). Wenn man jedes dieser antijüdischen Verbrechen auf einer Karte der Vereinigten Staaten einzeichnet, erkennt man, dass fast alle von ihnen in überwiegend blauen Staaten[15] begangen wurden. Dort leben die meisten Juden. Einschließlich mir.

Ich verkehre zumeist an Orten, die Sarah Palin vermutlich nicht als »echtes Amerika« bezeichnen würde. Ich mag Rucola. Ich arbeite bei der »gescheiterten« *New York Times*. Und deshalb treffe ich in der realen Welt eher selten auf Menschen, die mich eine »aalglatte Jüdin« nennen, obwohl meine Online-Heimat von Anhängern der Alt-Right überrannt wird.

Linken Antisemitismus konnte ich jedoch aus nächster Nähe beobachten. Seit meiner Studienzeit an der Columbia University, wo mir in Seminaren, Mensen und Campus-Cafés immer wieder erklärt wurde, man könne unmöglich gleichzeitig ein aufrechter Progressiver und ein Zionist sein, beobachte ich wie er immer mächtiger wird.

Während meines zweiten Studienjahres besuchte ich eine Vorlesung über die Geschichte des Nahen Ostens. Eines Tages traf ich in der U-Bahn in der Innenstadt eine befreundete Kommilitonin, die ich im Jahr zuvor in einem Literaturseminar kennengelernt hatte. Was sie unbedingt von mir wissen wollte: Du bist doch eine vernünftige Liberale. Wie kannst du dann eine Zionistin sein? Wie kannst du nur eine rassistische Ideologie unterstützen?

Diese Studentin war eine kalifornische WASP, die wenig über die Region wusste, bevor sie sich für diesen Einfüh-

15 Blau ist die Farbe der demokratischen Partei. (A.d.Ü.)

rungskurs einschrieb. Sie war keineswegs eine Antisemitin. Das Seminar wurde von Joseph Massad geleitet, einem damals noch nicht fest angestellten Professor, der erklärte, die Juden seien »keine Nation« und Israel ein »rassistischer Staat« ohne »Existenzrecht«. Der Antizionismus galt ihm als zentrales progressives Dogma. Ein Staat, der gerade mal ein Prozent der Landmasse des Nahen Ostens ausmacht, soll für sämtliche Probleme der Region verantwortlich sein. Als fortschrittlich gilt, dass es einem nicht perfekten Staat, in einer Welt die auch Länder wie Syrien, Nordkorea, Russland und China umfasst, hat nicht gestattet ist, seine Makel zu beheben, sondern dass er von der Landkarte getilgt werden muss.

Als ich 2003 zu studieren begann, hatte diese Sichtweise Israels – nicht als Höhepunkt einer zweitausendjährigen jüdischen Sehnsucht, als Rückkehr eines indigenen Volkes oder als sicherer Hafen für das jüdische Volk, sondern als letzte Bastion des weißen Kolonialismus im Nahen Osten – sämtliche Fachbereiche der Universität erobert, die sich der postmodernen, postkolonialen Theorie verschrieben hatten. Nirgendwo jedoch wurde die Dämonisierung Israels und der israelischen Juden so aggressiv betrieben wie in der Abteilung für Nahoststudien.

Im Jahr 2004 verfasste Hamid Dabashi, der damalige Leiter der Abteilung für Nahoststudien, einen Beitrag für die ägyptische Wochenzeitung *Al-Ahram*. »Ein halbes Jahrhundert der systematischen Verstümmelung und Ermordung eines anderen Volkes hat tiefe Spuren in den Gesichtern dieser Menschen hinterlassen«, schrieb er über die israelischen Juden. »Die Art und Weise, wie sie sprechen, wie sie gehen, wie sie mit Gegenständen umgehen, wie sie einander grüßen, wie sie die Welt betrachten. Dieser Maschinerie ist die Lüge eingeschrieben. Sie besitzt einen vulgären Charakter, der bis in ihre Knochen reicht und das Rückgrat der Kultur ausmacht.« Dabashi bezeichnete Zionisten auch als »Meisterdiebe“ und »lachende Hyänen«. Im Mai 2018 postete er auf Facebook: »Jedes schmutzige, verräterische, hässliche und verderbliche Ereignis in der Welt wartet nur ein paar Tage und der hässliche Name ›Israel‹ wird auftauchen.«[16]

Vor einem Jahrzehnt schien es so, als wäre die Columbia University ein Ausnahmefall. Ein paar Jahre später fanden die antizionistischen Skandale landesweit bereits jährlich oder halbjährlich statt – und heute gibt es sie wöchentlich. Die Erfahrungen, die selbstbewusste Juden und Zionisten auf dem Campus machen, sind immer hässlicher geworden.

Nehmen wir zum Beispiel die New York University. Die Uni hat alle Voraussetzungen, ein perfekter Ort für jüdische Studenten zu sein: Es gibt eine große jüdische Gemeinde (etwa 13 Prozent der Studenten), eine florierende Hillel[17] und sie liegt im Herzen von New York City, der Metropole mit der größten jüdischen Bevölkerung der Welt. Und doch musste sich Doria Kahn, eine junge Studentin hier anhören, sie sei bestimmt wohlhabend, ihr Volk »kontrolliere« die Stadt und die Zahl von sechs Millionen jüdischen Holocaust-Opfern sei sicherlich übertrieben. Ihre Kommilitonen versicherten ihr, Juden hätten keinen Grund sich zu beklagen, da sie die privilegierteste Gruppe Amerikas sei. »Keiner dieser Kommentare stammte von rechtsextremen Neonazis«, sagt sie. »Sie kamen von meinen Lehrern und vermeintlichen Freunden.«

16 Im Original: »Every dirty treacherous ugly and pernicious happening in the world just wait for a few days and the ugly name of ›Israel‹ will pup«. (A.d.Ü.)
17 Weltweit größte jüdische Studentenorganisation.

Wenn man sich die politische Landschaft der NYU anschaut, versteht man warum Kahn auf diese Art behandelt wurde. Im Dezember 2018 verabschiedete die Studentenvertretung erfolgreich eine BDS-Resolution und schloss sich dadurch bewusst einer Boykott-Bewegung an, die den gesamten jüdischen Staat zwischen Jordan und Mittelmeer ablehnt. Eine der Forderungen der Vereinigung lautete, die Universität solle sämtliche Kontakte zu Firmen einstellen, die auch Geschäfte mit Israel machen. Einige Monate später beschloss der Fachbereich Sozial- und Kulturanalyse der Schule, das Auslandsstudienprogramm der Universität in Israel zu boykottieren. Eine erstaunliche Entscheidung, wenn man bedenkt, dass die NYU die Vereinigten Arabischen Emirate, ein Land, in dem eine moderne Form der Sklaverei herrscht, nicht nur nicht boykottiert, sondern dort sogar eine Partneruniversität unterhält. Kurz darauf verlieh die NYU den President's Service Award, die höchste Auszeichnung der Schule, an Students for Justice in Palestine und gegen Ende des Jahres nutzte der Schriftsteller Steven Thrasher seine Abschlussrede an der Graduate School of Arts & Science, um Folgendes von sich zu geben: »Ich bin so stolz, so stolz, auf die NYU-Sektionen der Students for Justice in Palestine und der Jewish Voice for Peace... für die Unterstützung der Boykott-, Desinvestitions- und Sanktionsbewegung gegen die Apartheid-Regierung in Israel, denn das ist es, wozu wir berufen sind.«

In den darauffolgenden Tagen förderten verschiedene Zeitschriften weitere hetzerische Kommentare von Thrasher zu Tage. Andrew Hamilton, der Präsident der Universität, entschuldigte sich und beteuerte »schockiert« zu sein über »diese zweifelsohne abscheulichen und antisemitischen Tweets«. Aber das war zu wenig und kam zu spät.

Thrasher ist mittlerweile Professor an der Medill School of Journalism der Northwestern University. UCLA-Professor Judea Pearl, der Vater des verstorbenen *Wall Street Journal*-Journalisten Daniel Pearl und NYU-Absolvent, gab seine Auszeichnung als »Distinguished Alumnus« zurück, nachdem seine Alma Mater einen Preis an »Students for Justice in Palestine« verliehen hatte. Er äußerte sich wie folgt über die Wahl des Eröffnungsredners der Schule: »Thrasher zeigt, dass unter den richtigen Bedingungen giftiges Unkraut in unseren besten Universitäten wachsen kann, und zwar unter unseren eigenen Augen. Mir graut vor dem Gedanken, dass einem solch toxischen Rassismus eine Plattform zur Beeinflussung von Studenten an der Northwestern University geboten wird. Die Öffentlichkeit vertraut uns, den Pädagogen, den fruchtbaren Boden an. Sind wir dieses Vertrauens würdig?«

Für die Studienanfängerin Ellen Schanzer lautete die Antwort Nein. Sie wollte sich nicht an einer Universität immatrikulieren, die »Fakultätsmitglieder und Studentenorganisationen beherbergt, die sich antisemitischen Idealen verschrieben haben«. Dabei war Schanzers Urgroßvater, Martin Bernstein, ein ehemaliger Leiter des Musikinstitus der NYU. In ihrem Brief hieß es weiter: »Einige auf eurem Campus unterscheiden zwischen Antizionismus und Antisemitismus; ich sehe das anders. Dieser uralte Hass auf mein Volk trägt in den verschiedenen Generationen unterschiedliche Verkleidungen, aber das eigentliche Ziel bleibt gleich.«

Wenn sich diese Entwicklung an amerikanischen Universitäten fortsetzt, werden weitere engagierte Juden Schanzers Beispiel folgen und Universitäten meiden, die, wie sie es in ihrem Brief ausdrückt, ihre »Kernüberzeugungen und ihre Existenz« bedrohen. In der Tat ist das

Wort »Zionist« selbst an vielen Einrichtungen zu einem Schimpfwort geworden. Während der Einführungsveranstaltung für Studienanfänger an der University of Michigan hörte meine Schwester beispielsweise, wie sich zwei junge Frauen auf dem Schulhof über einen Mann unterhielten, mit dem eine von ihnen ausging. Alles an ihm schien großartig zu sein. Der Knackpunkt: »Ich kann nicht mit einem Zionisten zusammen sein.« Vier Jahre später verabschiedete das Studentenparlament Michigans eine BDS-Resolution.

Klassische antisemitische Vorfälle (z.B. Hakenkreuz-Graffiti, die 2018 mindestens zweimal in Duke aufgetaucht sind) sind laut Amcha, einer Organisation, die Antisemitismus an Hochschulen in den USA erfasst, immer noch häufiger als antizionistische Vorfälle. Aber diese Zahlen verwischen zwei bedeutende Unterschiede zwischen beiden Arten von Antisemitismus. Erstens: In »klassischen« antisemitischen Fällen handelt der Täter in der Regel allein und ohne jegliche organisatorische Verbindung. Zweitens: In der überwiegenden Mehrheit der antizionistischen Vorfälle, verfolgte der Täter die Absicht »pro-israelische Mitglieder der Campus-Gemeinschaft zu schädigen«. Außerdem waren antizionistisch agierende Täter siebenmal häufiger in Gruppen organisiert. Laut dem Campus-Bericht von Amcha aus dem Jahr 2017 »trugen israelbezogene Vorfälle mit deutlich höherer Wahrscheinlichkeit zu einem feindseligen Campus bei.«

Auch wenn das oftmals nicht direkt ausgesprochen wird, so besteht das Ziel dieser Aktivisten und Professoren darin, ihre Hochschulen zu Orten zu machen, die bestimmten jüdischen Ideen und Juden, die für diese einstehen, feindlich gesonnen sind. Einat Wilf, ein ehemaliges Mitglied der Knesset, beschrieb es folgendermaßen: »Antisemitismus wirkt, indem er Räume, in denen sich Juden willkommen und wohl fühlen können, immer weiter eingeschränkt, bis keine mehr übrig sind.«

Das Problem besteht nicht bloß darin, dass Antizionismus, neben Antirassismus, der Legalisierung von Drogen oder Abtreibungsrechten, an den meisten Eliteuniversitäten ein Dogma progressiver Politik ist. Diese Ideen sind längst vom Campus und der Squad-Gruppe[18] auf andere gesellschaftliche Sphären übergesprungen, wo das Existenzrecht Israels, mal implizit, mal ganz offen, von Menschen mit großer politischer und kultureller Macht infrage gestellt wird. Unter ihnen etwa gefeierte Intellektuelle wie Michelle Alexander, Autorin von »The New Jim Crow«[19] oder populäre demokratische Kongressmitglieder wie Rashida Tlaib aus Michigan.

Obwohl sich BDS nicht an allen Universitäten durchsetzen konnte, so war die Bewegung doch erfolgreich darin, die Weltanschauung progressiver Menschen zu prägen. Die Vorstellung, Israel stünde auf der falschen Seite der Geschichte, der Zionismus sei eine Art von Rassismus und – was vermutlich am meisten schockiert –, der jüdische Staat sei ein Projekt weißer Rassisten, gewinnt immer mehr Unterstützer.

Wenn Antizionismus zu einer normativen politischen Haltung wird, wird direkter Antisemitismus die Norm. Wenn Zionismus Rassismus ist, folgt daraus, dass Zionisten Rassisten sind. Und wir wissen alle, wie mit Rassisten zu verfahren ist.

18 »The Squad« bezeichnet eine Gruppe junger Politikerinnen der demokratischen Partei. Zu ihnen gehören Illhan Omar, Alexandria Ocasio-Cortez, Ayanna Pressley und Rashida Tlaib. (A.d.Ü.)

19 Michelle Alexander, *The New Jim Crow: Mass Incarceration in the Age of Colourblindness*, New York 2010

* * *

Ist es richtig, Antizionismus und Antisemitismus gleichzusetzen? Der ehemalige Oberrabbiner des Vereinigten Königreichs, Rabbi Jonathan Sacks, drückte es klar und deutlich aus: »Im Mittelalter wurden die Juden wegen ihrer Religion gehasst. Im neunzehnten und frühen zwanzigsten Jahrhundert hasste man sie wegen ihrer Rasse. Heute werden sie wegen ihres Nationalstaates Israel gehasst.« Worin sich alle drei Arten von Hass einig sind: »Es ist Juden nicht gestattet, als Juden mit denselben Rechten wie andere Menschen zu existieren.« Und doch ist es nicht schwer, Argumente zu finden, die einen Unterschied zwischen Antizionismus und Antisemitismus postulieren.

Zum einen ist die Geschichte reich an Juden, die antizionistisch eingestellt waren. Antizionistische Juden von heute verweisen etwa voller Stolz auf den Bund, der 1897 in Russland gegründet wurde – also im gleichen Jahr, in dem Theodor Herzl auch die Zionistische Weltorganisation ins Leben rief. Herzls Lösung für die jüdische Notlage war das jüdische Selbstbestimmungsrecht. Für die Sozialisten des Bunds bestand der Weg, dem grassierenden Antisemitismus in Europa die Stirn zu bieten, hingegen nicht in der Flucht in den Nahen Osten, sondern im solidarischen Zusammenschluss mit der Arbeiterklasse.

Der Bund und die Welt, die er verteidigte, existieren nicht mehr, doch ihre Ideen – Ideen, die anders als der Zionismus, die Juden nicht vor systemischer Unterdrückung oder Massenmord retten konnten – werden heute erneut aufgegriffen. Der entscheidende Unterschied zwischen damals und heute besteht darin, dass es den Staat Israel, gegen den sich der Bund im Russland des frühen zwanzigsten Jahrhunderts richtete, zu dem Zeitpunkt noch gar nicht gab. Zudem wusste die Organisation damals noch nichts von dem Blutbad, das Hitler später in Europa anrichten würde. Trotz dieser Lehren aus der Geschichte lehnen verschiedene linke Gruppen, deren Mitglieder manchmal mehrheitlich jüdisch sind, weiterhin die Existenz des jüdischen Staates ab.

Manche Juden lehnen die Gründung Israels auch aus theologischen Gründen ab. Sie sind der Ansicht, dass es den Juden bis zur Ankunft des Messias nicht gestattet ist, einen Staat im Heiligen Land zu errichten. Gruppen, die diese Vorstellung teilen, wie etwa Naturei Karta, sind jedoch für das Judentum des einundzwanzigsten Jahrhunderts in etwa so relevant wie die Westboro Baptist Church[20] für das Christentum. Dennoch werden ihre Mitglieder von linken Antisemiten wie Jeremy Corbyn, aber auch von rechten Regierungen wie der Islamischen Republik Iran als Juden schlechthin hochgehalten. Moshe Hirsch, ein Mitglied von Neturei Karta arbeitete sogar für Jassir Arafat: Als Minister für jüdische Angelegenheiten.

Es hat in der Geschichte auch antisemitische Zionisten gegeben. Arthur Balfour machte als britischer Außenminister die Rückkehr der Juden nach Israel zur offiziellen Politik Großbritanniens. Im Jahr 1917 schrieb er einen kurzen Brief an Lord Rothschild, in dem es hieß: »Die Regierung Seiner Majestät betrachtet die Errichtung einer nationalen Heimstätte für das jüdische Volk in Palästina mit Wohlwollen und wird sich nach besten Kräften bemühen, die Verwirklichung dieses Ziels zu erleichtern. Es darf jedoch nichts unternommen werden, das die bürgerlichen

20 Die Westboro Baptist Church ist eine radikale antisemitische und homophobe Baptistengemeinde, die aus 40 bis 80 Personen besteht. (A.d.Ü.)

und religiösen Rechte der bestehenden nichtjüdischen Gemeinschaften in Palästina oder die Rechte und den politischen Status der Juden in anderen Ländern beeinträchtigen könnte.«

Aber der Verfasser der berühmten Balfour-Erklärung unterstützte die jüdische Einwanderung in das Land Israel auch deshalb, weil er verhindern wollte, dass osteuropäische Juden auf der Flucht vor Pogromen, in sein Land kommen würden. Aus dem Grund unterstützte er 1905 ein Gesetz zur Begrenzung jüdischer Einwanderung nach England. Aus vergleichbaren Gründen förderte auch die polnische Regierung in den 1930er Jahren die Einwanderung von Juden nach Israel.

Es gibt auch heute noch antizionistische Juden und zionistische Antisemiten, die aber eine unbedeutende Randerscheinung darstellen. Wer sich auf diese marginalen Ideologien bezieht, blendet aus, dass sich die große Mehrheit der Juden als Zionisten versteht und Israel längst keine Abstraktion mehr ist, sondern eine Tatsache.

Wenn Menschen sich heute als Antizionisten bezeichnen, ist es wichtig, dass wir uns bewusst machen, was ihre Absicht ist: Die Zerstörung eines reell existierenden Staates in der angestammten jüdischen Heimat, in dem mehr als sechs Millionen Juden – die in ihrer Mehrheit Wurzeln im Nahen Osten haben – mit ihren Familien leben. Nicht zu vergessen die zwei Millionen nichtjüdische Bürger, die ebenfalls unter einem Angriff auf Israel leiden würden. Abgesehen von ein paar hundert überzeugter Anarchisten in Brooklyn und Berkeley, die der Meinung sind, dass alle Nationalstaaten verschwinden sollten, unterstützen Antizionisten ausschließlich die Beseitigung des jüdischen Staates und keines anderen.

Viele von uns sind weitgehend abgestumpft gegenüber

der Tatsache, dass es im Westen eine mächtige politische Bewegung gibt, die einen einzigen Staat für illegitim hält. Warum gerade dieser eine Staat, wo doch so viele andere moderne Staaten (Libanon, Irak, Syrien) ebenfalls durch Krieg und Vertreibung entstanden sind und ihr Grenzverlauf durch damals herrschende Mächte festgelegt wurde? Warum hat nur dieser eine Staat kein Existenzrecht?

Und was passiert, wenn sich der antizionistische Traum – eine Ein-Staaten-Lösung oder die Beseitigung Israels – erfüllt? Wer die Politik und Geschichte des Nahen Ostens auch nur oberflächlich kennt, weiß, dass es knapp fünfundsiebzig Jahre nach dem Ende des Holocaust zu einem massiven Gemetzel oder Völkermord kommen würde. Wenn uns die Erfahrung der Christen in der Region – ganz zu schweigen von denen der Jesiden oder der Zoroastrier – etwas lehrt, dann dass Minderheiten im heutigen Nahen Osten nur überleben können, wenn sie Schutz finden. Wie genau stellen sich Antizionisten die Umsetzung ihrer Vision vor? Glauben sie etwa, dass Juden einfach ihr Koffer packen und nach Afghanistan, Ungarn oder Äthiopien zurückehren werden? Natürlich nicht. Sie würden kämpfen. Das Kumbaya des antizionistischen Traums würde ohne Zweifel in einem Blutbad enden. Antizionisten sollten gezwungen werden, die Folgen ihres Handelns in aller Deutlichkeit auszusprechen.

Antizionisten behaupten regelmäßig, dass sie nur Kritik an Israel üben und dass es denjenigen, die sie als Antisemiten bezeichnen, nur darum geht diese Kritik zum Schweigen zu bringen. Der britische Forscher David Hirsh nannte diesen rhetorischen Trick die »Livingstone-Formulierung«, nach dem ehemaligen Londoner Bürgermeister Ken Livingstone, der sich 2005 nach einer antisemitischen Tirade darüber empörte, man wolle ihn für seine Israelkritik mundtot machen. Hirsh bezeichnet die Livingstone-Formulierung als »ein Mittel, den Vorwurf des Antisemitismus zu ignorieren; stattdessen erhebt man selbst den empörten Gegenvorwurf, der Ankläger nehme an einer Verschwörung teil, mit dem Ziel, politische Rede zu verbieten.« Diese Methode ermöglicht es dem Beschuldigten, seinen Kritikern böse Absichten zu unterstellen und selbst offenkundigen Antisemitismus mit fairer Kritik an Israel gleichzusetzen.

Es trifft zu, dass auch berechtigter Kritik an Israel manchmal bösartige Motive unterstellt werden. Das Gegenteil ist jedoch wesentlich häufiger der Fall, auch wenn Antizionisten dies bestreiten. Auf einem Festival in Oslo im März dieses Jahres fragte beispielsweise ein Rapper, ob sich Juden in der Menge befänden. Dann rief er: »Fuck Jews.« Es ist schwer vorstellbar, dass »Fuck Jews« etwas anderes als eine antisemitische Aussage ist. Dennoch entschied der norwegische Generalstaatsanwalt, die Aussage nicht als Hassrede zu betrachten, da es sich bei ihr auch um eine »Kritik an Israel« handeln könne.

Während die Nazipartei einst »Die Juden sind unser Unglück« verkündete, wirbt die deutsche Neonazi-Partei Die Rechte heute mit dem Slogan »Israel ist unser Unglück«. Israel dient hier lediglich als Platzhalter für die Juden. Das ist Antisemitismus in neuem Gewand, auch wenn schamlose Apologeten hier »nur« Antizionismus erkennen möchten.

Ich behaupte nicht, dass Kritik an der israelischen Politik an sich antisemitisch ist. So wie ein amerikanischer Patriot nicht nur sein Land verteidigen, sondern auch dazu beitragen sollte, dass es seine Versprechen einlöst, so sollte ein Zionist auch Israel zur Rechenschaft ziehen, wenn es Fehler begeht.

Es mangelt nicht an Personen, die genauestens über die Versäumnisse der israelischen Regierung informiert sind. Was mich anbelangt, so mache ich mir Sorgen über die Macht, die das nationale Rabbinat über jüdisches Leben besitzt – eine Macht, die ich persönlich zu spüren bekam, als mich junge ultraorthodoxe Männer im März 2019 an der Klagemauer bespuckten. Ich glaube, dass die derzeitige Regierung die sechs Millionen Ermordeten verrät, indem sie Bündnisse mit Männern wie Viktor Orbán eingeht, der Ungarn in eine illiberale Demokratie umbaut und einen staatlichen Holocaust-Revisionismus betreibt. Ich glaube, dass Premierminister Benjamin Netanjahu durch Aufnahme der unverhohlen rassistischen Partei Otzma Yehudit in seine Regierungskoalition, den jüdischen Staat entehrt hat. Und wenn ich sehe, wie junge Palästinenser an Checkpoints ausharren müssen, könnte ich verzweifeln.

Schlagen Sie die heutige Zeitung auf. Dort werden Sie sicherlich über jede Menge politischer Schandtaten Israels informiert. Oder noch besser, sie hören eine Stunde lang einer Debatte in der Knesset zu.

Aber das obsessive Bedürfnis sich für israelische Versäumnisse zu entschuldigen oder Erklärungen zu liefern, missachtet das eigentliche Anliegen seiner Kritiker: Israel wird kritisiert und verurteilt »weil es lebt«, wie Bob Dylan es auf geniale Weise in seinem Song »Neigborhood Bully«[21] beschrieb. Susan Rice drückte es zwar weniger poetisch, aber nicht minder deutlich aus: »Kein Land ist immun gegen Kritik, und das sollte es auch nicht sein.

21 »The neighborhood bully he just lives to survive. He's criticized and condemned for being alive. He's not supposed to fight back, he's supposed to have thick skin. He's supposed to lay down and die when his door is kicked in. He's the neighborhood bully.« Bob Dylan, 1983. (A.d.Ü.)

Aber wenn diese Kritik darin besteht auf unfaire, bösartige und erbarmungslose Art immer nur ein einziges Land herauszugreifen, dann ist das einfach falsch – das wissen wir alle.«

Beim Antizionismus geht es nicht darum, die israelische Politik zu kritisieren oder seine Besorgnis über den Kurs des Landes zum Ausdruck zu bringen. Es geht um die Dämonisierung und Delegitimierung und letztlich um die Zerstörung eines einzigen Staates.

Stellen Sie sich ein Paar vor, das übers Kinderkriegen redet. Sie haben berechtigte Fragen, die sie untereinander klären müssen: Können wir uns das leisten? Ist unsere Wohnung groß genug? Wollen wir unser Leben so radikal ändern? Wollen wir überhaupt Eltern werden? Ist das Kind erstmal da, nimmt diese Diskussion jedoch unmoralische Züge an.

Vor dem Holocaust in Polen Antizionist zu sein, ist eine Sache. Wer es heute noch ist, lehnt nicht aus ideologischen Gründen eine Idee ab, sondern wendet sich gegen die größte jüdische Gemeinde der Welt.

Man kann behaupten, dass die derzeitige Politik des jüdischen Staates nicht im Einklang mit jüdischen Werten ist, oder unsere Vorfahren würden dem heutigen Zionismus widersprechen. Aber man kann die klare historische Linie, die das jüdische Volk mit diesem Land verbindet, nicht auslöschen. Sie ist so grundlegend wie unsere Befreiung aus der Sklaverei, so zentral wie unser Bund mit Gott. Das ist einer der Gründe, warum sich 92 Prozent der amerikanischen Juden als »pro-israelisch« bezeichnen, obwohl die Mehrheit einer Umfrage der Mellman Group aus dem Jahr 2018 zufolge manche Maßnahmen der israelischen Regierung ablehnt.

Wie Milton Steinberg in »The Creed of an American

Zionist« schrieb: »Der erste Fehler des Antizionisten besteht darin, das Judentum falsch zu verstehen.« Für den Antizionisten sei das »Judentum nur eine Religion und die Juden Mitglieder einer Kirche. Aus dem Grund klingen Hinweisen auf ein Heimatland und ein Gemeinwesen völlig abwegig.« Weil es ihm an »Vorstellungskraft« mangelt, »begeht er gleich den nächsten Fehler«, schreibt Steinberg: »Er übersieht, dass manche Juden in Verhältnissen leben, die sich von den seinen unterscheiden, und dass dies von Bedeutung ist. Amerika ist ein mononationales und, abgesehen von sekundären Kulturen, ein monokulturelles Land. Das Judentum nimmt hier natürlich die Form einer religiös-kulturellen Erscheinung an. Aber Polen, Rumänien und die Sowjetunion setzen sich aus vielen Völkern, Kulturen und Nationalitäten zusammen. Dort stellen Juden nach dem Gesetz und der öffentlichen Meinung auch eine eigene Nationalität dar«.

Diese Zeilen erschienen 1945 in der Zeitschrift *The Atlantic*, aber sie könnten ohne Weiteres auch von heute sein. Die Antizionisten unserer Zeit haben Jahrzehnte lang Beweise geliefert bekommen, dass Israel notwendig ist und das Wunder vollbracht hat, inmitten einer illiberalen Weltgegend als liberales Land bestehen zu können. Und dennoch soll es kein Recht auf Existenz haben.

Antizionisten behaupten gegen Nationalismus zu sein, dabei unterstützten sie ohne Bedenken denjenigen der Palästinenser. Sie sagen, dass sie um religiöse Minderheiten besorgt sind, schweigen aber über die Behandlung der Uiguren in China oder die Vertreibung der Christen aus dem Nahen Osten. Sie sagen, dass ihnen die Rechte der Ureinwohner am Herzen liegen, verdrängen aber die unbequeme Wahrheit, dass es seit der Zerstörung des Tempels durchgehend eine jüdische Präsenz im historischen Land Israel gab. Sie sagen, Israel sei von ausländischen imperialistischen Mächten gegründet worden, ignorieren aber, dass das moderne Indien auf dieselbe Weise entstand. Seltsamerweise schlägt kein Kritiker des Nationalismus, jemals vor Indien zu zerstören. Antizionisten begründen ihre Fixierung auf Israel mit dem Schicksal palästinensischer Flüchtlinge, erwähnen aber mit keinem Wort die Vertreibung von Millionen Syrern. Und was ist mit den mehr als zwei Millionen palästinensischen Flüchtlingen in Jordanien, von denen über 370.000 in Flüchtlingslagern leben?

Oftmals rechtfertigen Antizionisten ihre Ablehnung Israels mit der staatlichen Sicherheits- und Siedlungspolitik, aber die antidemokratische Politik gegenüber Palästinensern scheint sie nur dann zu kümmern, wenn Juden im Spiel sind. Im Libanon leben rund 450.000 Palästinenser, von denen laut den Vereinten Nationen die Hälfte in den zwölf Flüchtlingslagern des Landes lebt. Aufgrund staatlicher Berufsverbote dürfen Palästinenser weder als Ärzte, Ingenieure, Buchhalter oder Anwälte arbeiten.

Jede ehrliche Person muss zugeben, dass auch Israel Unrecht beging. Nicht anders als in den übrigen Nationalstaaten, wurden auch hier Menschen verdrängt. 1947 akzeptierte Israel den Teilungsplan der Vereinten Nationen, während die Araber ihn ablehnten. Als Israel dann im Mai 1948 seine Staatlichkeit ausrief, erklärten die Armeen fünf arabischer Staaten in Zusammenarbeit mit dem Großmufti von Jerusalem Israel einen Krieg mit völkermörderischen Absichten. Dass in dessen Verlauf etwa 750.000 Araber flohen oder vertrieben wurden, stellt zweifellos eine Tragödie dar.

Wenn man sich Orte wie den von israelischen Soldaten bewachten jüdischen Außenposten in Hebron anschaut, wird diese Tragödie deutlich. Es ist eine Quelle großen

Unbehagens, selbst wenn man über den arabischen Pogrom von 1929 Bescheid weiß, der viele Jahrhunderte jüdischen Lebens in der Stadt beendete; selbst wenn man weiß, dass König David dort herrschte; selbst wenn man die Höhle der Patriarchen als zweitheiligsten Ort ansieht. Das Leiden der Palästinenser stellt eine Belastung der jüdischen Seele dar. Einschließlich meiner.

Aber es wäre obszön zu behaupten, Israels Fehler seien nicht von den Killing Fields Sudans oder der Verkommenheit des nordkoreanischen Sklavenstaates zu unterscheiden. Und doch ist es immer wieder der jüdische Staat, der auf der Anklagebank sitzt. Nach Angaben von UN Watch hat der Menschenrechtsrat der Vereinten Nationen Israel zwischen 2006 und 2016 bei achtundsechzig verschiedenen Gelegenheiten verurteilt. Auf den nächsten Plätzten folgten Syrien mit zwanzig und Nordkorea mit neun Verurteilungen. China, Saudi-Arabien und Pakistan wurden kein einziges Mal erwähnt.

Doch abgesehen von einigen unermüdlichen Aktivisten, Kolumnisten und Fürsprechern, allen voran Hillel Neuer von UN Watch, wird diese Einseitigkeit selten als das bezeichnet, was sie ist. »Die schönste List des Teufels«, sagte Baudelaire, »ist es, uns davon zu überzeugen, dass es ihn nicht gibt.« Das Gleiche gilt für den Antizionismus, dessen Anhänger die Welt davon überzeugt haben, dass ihre Ideologie nicht genau das ist, was sie zu sein scheint.

* * *

Antizionismus ist nicht nur Antisemitismus aufgrund der heutigen Realität, sondern auch aufgrund der Geschichte.

In der jüdischen Tagesschule sprachen wir viel über Hitler und in der Mittagspause spielten wir häufig ein finsteres

Spiel, bei dem es darum ging, wer überleben würde, und in der Nacht hatte ich schreckliche Träume, in denen meine Familie verfolgt wurde. Aber ich bin mir nicht sicher, ob ich jemals einen Lehrer den Namen Stalin oder Lenin habe aussprechen hören. Wenn man bedenkt, dass es in unserer Schule neu eingewanderte russische Juden gab – Kinder, die wegen ihres Akzents und ihres schlechten Haarschnitts gehänselt wurden – ist diese Auslassung erstaunlich. Wir, die Verwöhnten, hatten kaum eine Vorstellung davon, was diese Familien in der Sowjetunion durchgemacht hatten, welche Opfer die Eltern auf der Suche nach einem besseren Leben bringen mussten.

Warum also wissen wir so viel über Hitler aber so wenig über den Antisemitismus, der an dem Ort herrschte, den wir heute Russland nennen? An der Anzahl an Toten kann es nicht liegen, denn der Stalinismus war weitaus tödlicher. Vielleicht lag es daran, dass viele unserer Großeltern Überlebende der Todeslager Hitlers waren. Vielleicht lag es daran, dass die amerikanisch-jüdische Identifikation mit der politischen Linken die Unterdrückung der Juden unter den Kommunisten weniger schlimm erscheinen ließ, oder sie zumindest zu einem unbequemen Thema machte. Der Traum von einer besseren Welt sprach Amerikaner, besonders jüdische Amerikaner, auf eine Weise an, wie es die Blut-und-Boden-Politik niemals vermochte. Vielleicht – so erfuhr ich, als ich später über die Ärzteverschwörung oder die Nacht der ermordeten Dichter las – lag es auch an der schmutzigen und tragischen Rolle, die Juden in dieser antisemitischen Geschichte spielen. Vielleicht schlug auch bloß das Pendel nach den Übergriffen des McCarthyismus zurück.

Vielleicht war es auch die Folge des bedeutenden amerikanisch-jüdischen Einsatzes für die sowjetischen Juden in den 1980er Jahren, den Gal Beckerman in seinem hervorragenden Buch »When They Come for Us, We'll Be Gone«[22] festhielt. Am 6. Dezember 1987, als ich drei Jahre alt war, marschierte ich zusammen mit meinen Eltern und 250.000 Bürgern durch Washington D.C., um Freiheit für das sowjetische Judentum zu fordern. Verdrängten wir die verheerenden Auswirkungen des sowjetischen Antisemitismus, weil damals die Guten triumphierten?

Aber es ist wichtig, dass das hässliche und weit zurückreichende Erbe des Antisemitismus auf der politischen Linken nicht in Vergessenheit gerät. Viele Menschen mit guten Absichten möchten verstehen, warum eine kleine, aber lautstarke Gruppe von Juden ebenso gegen jüdische Interessen kämpft, wie die Feinde unserer Gemeinschaft. Wir müssen dieses Handeln im Kontext einer langen Geschichte linker Bewegungen, die Juden erfolgreich als Agenten ihrer eigenen Zerstörung einsetzen, begreifen.

Das Gespräch darüber muss notwendigerweise bei Marx ansetzen. Die Debatte darüber, ob er ein Antisemit war, konzentriert sich in den meisten Fällen auf seinen Aufsatz »Über die Judenfrage«[23], der Zeilen wie diese enthält: »Welches ist der weltliche Kultus des Juden? Der Schacher. Welches ist sein weltlicher Gott? Das Geld.« Während manche Interpreten in diesen Worten nur leidenschaftlichen Antisemitismus sehen können, behaupten andere, Marx mache sich hier über antisemitische Klischees lustig. Andere wiederum gehen davon aus, Marx wolle darauf hinweisen, dass der Antisemitismus zu Recht bestimmte gesellschaftliche Erscheinungen angreift – etwa die kapi-

22 Gal Beckerman, *When They Come for Us, We'll Be Gone*. New York 2018, S. 624

23 Marx-Engels-Werke, Band 1. S. 347-377

talistische Gier –, was jedoch keineswegs bedeute, dass auch Marx Juden als verdammt betrachtete. Und dann gibt es noch Interpreten, die darauf bestehen, das alles sei nur ironisch gemeint gewesen.

Ich schlage vor, den gesamten Aufsatz zu lesen und sich selbst ein Urteil zu bilden. Doch die historische Folge von Marx' Schriften ist eindeutig: Dem wichtigsten und nachhaltigsten linken Philosophen gelang es, die Juden grundsätzlich mit dem Kapitalismus, diesem laut linker Ideologien größtem Übel, gleichzusetzen. Eine Verbindung mit beträchtlichen Folgen. Namentlich die Fokussierung linker revolutionärer Bewegungen auf die besondere Bösartigkeit der Juden; die Tendenz dieser Bewegungen vehement zu bestreiten, eben dies zu tun; sowie das Bedürfnis linker Juden zu beweisen, dass sie nicht die Quelle allen gesellschaftlichen Übels sind.

Unter Lenins Einparteienstaat nahm dies die Form der Jewsektsija an, der jüdischen Sektion der bolschewistischen Partei. Es war die perfekte Lösung. Der Staat konnte das Judentum verbieten und den Zionismus kriminalisieren, während Lenin mit Hinweis auf die jüdische Sektion seine Kommunisten als philosemitisch darstellen konnte. Juden konnten der Organisation beitreten, bei der Verfolgung anderer Juden behilflich sein und sich so als engagierte Parteimitglieder profilieren.

Wie Richard Pipes in »Russia under the Bolshevik Regime«[24] schreibt, verfolgten die Jewsektsija »ihre eigene Religionsgemeinschaft mit außergewöhnlichem Eifer, um die Antisemiten zu widerlegen.« Der Krieg, den sie führten, war sowohl ein physischer als auch ein kultureller.

24 Richard Pipes, Russia under the Bolshevik Regime 1919–1924, New York 1994, S. 864

Hebräisch wurde ebenso verboten wie die Ausübung der Religion. Rabbiner wurden gequält und getötet. Obwohl jede einzelne jüdische Organisation zur Zielscheibe wurde, musste die zionistische Bewegung und ihre Aktivisten, die als besonders schändliche Nationalisten angesehen wurden, ein besonderes Maß an Gewalt erdulden.

Was versprachen sich die jüdischen Kommunisten, die in der Jewsektsija tätig waren, ihre jüdischen Mitbürger terrorisierten und die jüdische Politik und Kultur zerstörten von ihrem Handeln? Sicherlich dachten einige, durch die Opferung mancher Juden eine größere Anzahl oder auch nur sich selbst retten zu können. Vielleicht waren sie auch nur feige. Mit Sicherheit gab es unter ihnen jedoch auch echte Anhänger der bolschewistischen Weltanschauung. Zum Beispiel Esther Frumkin (geborene Chaya Malka Lifshits), eine der Anführerinnen der Jewsektsija und Herausgeberin der jiddischen kommunistischen Zeitung *Der Emes* (*Die Wahrheit*). Sie schrieb: »Wenn das russische Volk das Gefühl bekommt, dass wir den Juden gegenüber parteiisch sind, wird das den Juden schaden.« Und: »Die Gefahr besteht darin, dass die Massen glauben könnten, das Judentum werde von der antireligiösen Propaganda ausgespart. Deshalb müssen jüdische Kommunisten gegenüber Rabbinern noch rücksichtsloser sein als nichtjüdische Kommunisten gegenüber Priestern.«

Am Ende aber machte das Regime, wie sollte es auch anders sein, auch vor seinen treuesten Juden nicht Halt. Esther Frumkin wurde 1938 zusammen mit anderen »unverbesserlichen Bundisten« und »konterrevolutionären Nationalisten« festgenommen und inhaftiert. Sie wurde zu acht Jahren Haft verurteilt und starb 1943 in einem Internierungslager. Noch heute wird sie in marxistischen Pamphleten als Heldin verehrt.

Jewsektsijas Geschichte steht für ein Abkommen zwischen Juden und der radikalen Linken, das auch heute noch gültig ist: Die Bedingung für die Akzeptanz besteht in der Bekämpfung von jeglichem jüdischen Partikularismus, dessen Grenzen stets undeutlich bleiben. Gehört Sympathie für Israel dazu? Eine zu starke Betonung jüdischer Themen in Theaterstücken? Eine zu hohe Anzahl jüdischer Figuren? Das Gestikulieren? Die Grenzen verschieben sich ständig.

Stalin ging einen Schritt weiter als Lenin, als er den Hass auf den jüdischen Partikularismus mit einem gewissen altmodischen Antisemitismus verband. Jeder Aspekt der jüdischen Kultur, sogar das Jiddische, das auch die Sprache der jüdischen Kommunisten war, musste seines Jüdischseins entkleidet werden. Wörter wurden buchstäblich anders geschrieben, um ihren hebräischen Ursprung auszulöschen.

1941 zwangsverpflichtete Stalin seine Juden in das sogenannte Jüdische Antifaschistische Komitee, dem zahlreiche der bekanntesten Schriftsteller, Schauspieler und Dichter der Sowjetunion angehörten. Die in dieser Organisation aktiven Juden hatten eine doppelte Aufgabe: Sie dienten als Feigenblatt für den lieben Führer und sollten amerikanische Juden dazu bewegen den antifaschistischen Kampf zu unterstützen.

Was wurde aus den Juden, die unermüdlich für Stalin arbeiteten? Dem Tyrannen galten sie zuletzt nur noch als Agenten einer »zionistischen Verschwörung«. Drei Jahre nach dem Ende des Holocausts wurde der Vorsitzende des Komitees, Solomon Mikhoels, durch Stalins Geheimpolizei ermordet. Der Tod des berühmtesten jiddischen Theaterregisseurs Moskaus ließ den Dichter Peretz Markish, ein anderes Mitglied des Komitees, die wahre Natur Stalins erkennen: »Hitler wollte uns physisch vernichten, Stalin will es geistig tun.« Aber in diesem Punkt irrte sich Markish auf tragische Weise. In der so genannten Nacht der ermordeten Dichter (dargestellt in Nathan Englanders ausgezeichnetem Theaterstück »Der siebenundzwanzigste Mann«) wurden am 12. August 1952 im Moskauer Lubjanka-Gefängnis fast sämtliche jüdischen Getreuen Stalins, die Mitglieder des Jüdischen Antifaschistischen Komitees, durch ein Erschießungskommando hingerichtet. Unter ihnen befand sich auch Peretz Markish.

Der Propagandakrieg gegen den Zionismus und die Juden, der unter Lenin begann und im Stalinismus seine Blütezeit erreichte, wurde nach der Gründung Israels gegen einen real existierenden Staat und Millionen sowjetischer Juden geführt. Nach dem Sechstagekrieg von 1967, als Israel einen überraschenden Sieg über die arabischen Stellvertreter der Sowjetunion erzielte, wurde diese Strategie weiter vertieft. Israel baute seine Beziehungen zu den Vereinigten Staaten aus und die Sowjetunion sah sich in ihrem Verdacht bestätigt, sowjetische Juden besäßen eine doppelte Loyalität. Der Stellvertreter- und Propagandakrieg, den die Sowjetunion gegen Israel führte, stärkte die durch eine Niederlage gedemütigten arabischen Nationen, unterminierten die amerikanischen Interessen im Nahen Osten und legitimierten die Verfolgung der sowjetischen Juden. Die sowjetische Begründung für den Kampf gegen Israel, Amerika und die jüdische Diaspora, bestand aus den gleichen drei Zutaten, die auch heute noch das Denken vieler Linken bestimmen.

Die in der Sowjetunion geborene jüdische Wissenschaftlerin Izabella Tabarovsky beschreibt in einer Reihe von kenntnisreichen Aufsätzen, auf welch unermüdliche und brutale Art, die Sowjetunion handelte. In Hunderten von

Büchern und Tausenden von Artikeln, wurde der Zionismus angegriffen und immer wieder mit dem Nationalsozialismus gleichgesetzt. Diese Propaganda wurde in Dutzende von Sprachen übersetzt und erreichte dank ausländischer Rundfunksendungen ein großes Publikum. Der KGB nannte sie Operation SIG (für Sionistskiye Gosudarstva, oder »Zionistische Regierungen«). »Bei der Entwicklung ihrer Ideen ließen sich die sowjetischen Ideologen von den ›Protokollen der Weisen von Zion‹, von den Ideen des klassischen religiösen Antisemitismus und sogar von ›Mein Kampf‹ inspirieren, passten sie aber in den marxistischen Rahmen ein, indem sie die Idee einer jüdischen Verschwörung durch eine globale antisowjetische zionistische Verschwörung ersetzten«, schreibt Tabarovsky. »Die jüdische Macht wurde zur zionistischen Macht. Die reichen und hinterhältigen jüdischen Bankiers, die das Geld, die Politiker und die Medien kontrollieren, wurden zu den reichen und hinterhältigen Zionisten. Der Jude als Antichrist wurde zum Juden als Antisowjet. Statt des Juden als Teufel, wurde der Zionist als Nazi dargestellt.«

Die Botschaft wurde von einem vielfältigen Publikum aufgenommen. In Ländern, in denen der Antisemitismus tief verwurzelt war, wie Russland und Rumänien, stellte sie einen Widerhall sehr alter Themen dar. Der KGB fand viele neue Zuhörer in islamischen Ländern, die über die Niederlage im Krieg mit Israel verbittert waren. Für afrikanische Nationen stellten sowjetische Propagandakampagnen eine Verbindung zwischen Zionismus, Rassismus und Kolonialismus dar.

Die Protokolle der Weisen von Zion wurden ins Arabische übersetzt und in der gesamten islamischen Welt verteilt. In der Person von Jassir Arafat fand man einen willigen Partner. (Die schmutzigen Details der Beziehungen zwischen den Sowjets und Arafat kann man in dem Buch »Red Horizons«[25], den Memoiren des ranghöchsten Überläufers des sowjetischen Geheimdienstes Ion Mihai Pacepa nachlesen). Da die Feinde des jüdischen Volkes nicht in der Lage waren, Israel in einer konventionellen Schlacht zu besiegen, verlegten sie sich auf Terrorismus und Propaganda, während die Sowjets die Vereinten Nationen auf so brillante wie erfolgreiche Weise zu einem Forum machten. 1974 hielt Arafat eine Rede vor der UNO, in der er die Ziele der Operation SIG perfekt zusammenfasste: »Die alte Weltordnung zerbröckelt vor unseren Augen. Es ist unvermeidlich, dass Imperialismus, Kolonialismus, Neokolonialismus und Rassismus, deren Hauptform der Zionismus ist, untergehen werden.«

»Der Zionismus ist eine imperialistische, kolonialistische und rassistische Ideologie; er ist zutiefst reaktionär und diskriminierend; er ist in seinen rückschrittlichen Lehren mit dem Antisemitismus verbunden. Er ist letztendlich die andere Seite derselben falschen Münze«, erklärte Arafat. Nur drei Jahrzehnte später erzählten die Professoren an meiner Universität dasselbe.

Arafat machte einen deutlichen Unterschied zwischen Judentum und Zionismus, was mittlerweile zu einer fixen Idee der Linken geworden ist. »Während wir zu unserer Ablehnung der kolonialistischen zionistischen Bewegung stehen«, sagte er, »respektieren wir den jüdischen Glauben. Heute, fast ein Jahrhundert nach dem Aufkommen der zionistischen Bewegung, möchten wir vor ihrer zunehmenden Gefahr für die Juden der Welt, für unser arabisches Volk und für Weltfrieden und Sicherheit warnen. Denn der

25 Ion Mihai Pacepa, Red Horizons. Chronicles of a Communist Spy Chief, Washington 1987, S. 648

Zionismus ermutigt den Juden zur Auswanderung aus seiner Heimat und verschafft ihm eine künstlich geschaffene Nationalität.«

Nicht wenige folgten Arafats Beispiel. Im folgenden Jahr forderte der Diktator Idi Amin die Vereinigten Staaten auf, »ihre Gesellschaft von den Zionisten zu befreien« und »Israel als Staat auszulöschen«. Mit der Resolution »Zionismus ist Rassismus« im Jahr 1975, erreichte dieser Stellvertreterkonflikt im Kalten Krieg seinen Höhepunkt. Der britische Journalist und Wissenschaftler Goronwy Rees, der die Debatte über die Resolution miterlebt hatte, schrieb: »An jenem Tag wurde das Dritte Komitee von Untoten heimgesucht: Die Geister von Hitler, Goebbels und Julius Streicher grinsten vergnügt, als sie hörten, dass nicht nur Israel, sondern alle Juden in einer Sprache angeprangert wurden, die auf jedem Reichsparteitag hysterischen Applaus ausgelöst hätte. Denn die grundlegende These der Befürworter der Resolution, lautete: Wer sich für das Recht einsetzt, ein stolzer Jude sein zu dürfen, ist ein Feind der Menschheit.«

Die berüchtigte Resolution wurde 1991 schließlich aufgehoben, aber der Schaden war angerichtet, wie mein Gespräch mit einem völlig naiven Studenten in der New Yorker U-Bahn zehn Jahre später bewies.

»Die Abscheulichkeit, die der Antisemitismus darstellt, hat den Anschein einer internationalen Rechtfertigung erhalten«, sagte Daniel Patrick Moynihan, der damalige amerikanische Botschafter bei den Vereinten Nationen, am Tag der Verabschiedung der Resolution. »Die schreckliche Lüge, die heute erzählt wurde, wird schreckliche Folgen haben.« Ich bin mir nicht sicher, ob er sich damals vorstellen konnte, wie sehr diese Lüge zur Normalität werden würde.

Hätte er sich damals vorstellen können, dass die internationale Ausgabe der *New York Times* 2019 den israelischen Premierminister Benjamin Netanjahu als Hund mit Davidstern-Halsband, der von einem blinden, Kippa tragenden Trump an der Leine geführt wird, darstellen würde? Eine Karikatur, die auch vom KGB der 1970er stammen könnte. Hätte er sich vorstellen können, dass junge antizionistische jüdische Lesben 2019 in Washington DC erklären, »wenn andere Juden Antisemitismus mit Antizionismus und Antinationalismus gleichsetzen, macht uns das wütend und traurig. Es gibt uns das Gefühl, dass wir von echter Befreiung noch weit entfernt sind. Jude zu sein bedeutet, eine Geschichte von Trauma und Unterdrückung zu haben«. Als ob es das wäre, was Jüdischsein ausmacht. Hätte er sich vorstellen können, dass in den elitärsten Kreisen des Landes Menschen behaupten, Israel sei ein rassistischer Staat und der Zionismus eine Art von Rassismus, ohne sich darüber im Klaren zu sein, dass sie einer sowjetischen Verschwörung folgen und sich mit den größten Massenmördern der modernen Geschichte gemein machen?

Wenn Hitler für die große antisemitische Lüge des zwanzigsten Jahrhunderts verantwortlich ist, dann Stalin für diejenige des einundzwanzigsten. Wie der israelische Schriftsteller Yossi Klein Halevi sagte, besteht die »existenzielle Bedrohung«, die von der antizionistischen Lüge ausgeht darin, »dass sie der Geschichte des jüdischen Volkes den Krieg erklärt.«

* * *

Zur gleichen Zeit, in der Progressive wissentlich oder nicht die sowjetische Lüge verbreiten, Israel sei ein kolonialistischer Außenposten, den man bekämpfen müsse, hat auch die Ideologie der Intersektionalität in linken Kreisen stark an Einfluss gewonnen. Ihre Bedeutung kann man auch daran erkennen, dass die Präsidentschaftskandidatin Kirsten Gillibrand kürzlich auf Twitter schrieb, die Zukunft sei nicht nur weiblich, sondern auch intersektional. Die Theorie Intersektionalität ist eine Waffe, die es uns erschwert, den Kampf gegen den Antisemitismus an der Seite unserer natürlichen Verbündeten zu führen.

Das war jedoch zu Beginn nicht ihre Absicht. Was diese neuere Theorie der Unterdrückung ansprechend macht, ist, dass sie eine leicht zu beobachtende Wahrheit ausspricht. Die Rechtswissenschaftlerin Kimberlé Crenshaw begründete das Konzept 1989, um zu erklären, wie Menschen mit mehreren Minderheitenidentitäten auf vielfältige Weise diskriminiert werden können. Auf einen konkreten Fall bezogen: Verweigerte General Motors schwarzen Frauen Arbeitsplätze, weil sie schwarz, oder aber, weil sie Frauen waren? Oder lag es an beidem? Darin bestand die Herausforderung, des von Crenshaw zitierten Gerichtsfalles DeGraffenreid v. General Motors (1976), in dem fünf Frauen den Autohersteller wegen Einstellungsdiskriminierung verklagten. Zum Zeitpunkt der Klage gab es bei GM Arbeitsplätze für schwarze Männer in der Fabrikhalle und für weiße Frauen als Sekretärinnen. Schwarze Frauen schieden jedoch für beide Stellen aus, da sie für erstere zu weiblich und für letztere zu schwarz waren.

Nach damaligem amerikanischem Recht wurden Fragen der Rasse und des Geschlechts getrennt behandelt. Der Fall wurde abgewiesen und den Klägerinnen wurde Gerechtigkeit verwehrt. Hierzu schrieb Crenshaw: »Warum? Weil das Gericht der Ansicht war, dass es schwarzen Frauen nicht gestattet sein sollte, rassische und geschlechtliche Ansprüche zu kombinieren. Da sie nicht beweisen konnten, dass sie das gleiche erlitten wie weiße Frauen oder schwarze Männer, fiel ihre Diskriminierung durch die Maschen.«

Wenn die Intersektionalität einfach nur als Rahmenwerk für das Verständnis der Welt dienen würde – warum bestimmte Menschen (weiße Männer) doppelt gesegnet und andere (schwarze Frauen) doppelt gefährdet sein können – würde ich mich ihr sofort anschließen. Aber in Wirklichkeit funktioniert die Intersektionalität eher wie die Umkehrung des Kastensystems, das die westliche Welt noch vor kurzem beherrscht hat. Standen in der Vergangenheit weiße, heterosexuelle Männer an der Spitze der Hierarchie, so sollen jetzt diejenigen, die als am meisten unterdrückt gelten (Schwarze, Transgender, Behinderte) an die oberen Plätze rücken und einen größeren Anspruch auf Wahrheit und Moral bekommen. In dieser Hierarchie befinden sich Juden lediglich eine Sprosse über weißen, heterosexuellen Männern, also ganz unten. Viele Juden gehen als weiß durch, weshalb sie unmöglich Opfer sein können. Daran ändert auch nichts, dass sie die längste Zeit von Mächtigen benutzt oder zu Sündenböcken gemacht wurden.

Intersektionalität ist der Grund, warum Progressive jedes Mal, wenn Neonazis Juden angreifen, verlässlich ihre Stimme erheben, bei islamistischen Tätern oder schwarzen Anhängern von Louis Farrakhan aber lieber wegschauen. Sie ist der Grund, warum feministische Gruppen so viel zu Israels Taten (als weißer kolonialistischer Staat) zu sagen haben, ihnen zu der Verfolgung von Schwulen durch die Hamas oder das Erhängen an Baukränen im Iran hingegen nichts einfällt. Der gleichen Logik folgt ebenfalls das ohrenbetäubende Schweigen über die Burka oder die weibliche Genitalverstümmelung. Wenn der Westen auch nur indirekt verwickelt ist, wird man ihn ohne zu zögern schuldig sprechen. Der Rassismus, der hier am Werk ist, ist so deutlich wie hässlich.

Ich kenne einen Studenten, der kürzlich an einem führenden Liberal Arts College, einen Kurs über den Holocaust besuchte. Während einer Diskussion ging es um den Schriftsteller und Holocaust-Überlebenden Eli Wiesel. Ein Kommilitone nannte Wiesel »privilegiert«, weil dieser »ein weißer, nicht behinderter Mann« war. Das ist der Schaden, den Intersektionalität im Gehirn anrichtet.

Intersektionalität ist ein Nullsummenspiel, mit dem Leiden der Teilnehmer als Einsatz. Wer sich auf dieses Kastensystem einlässt, verharmlost unweigerlich die antisemitische Bedrohung. So twitterte ein linker jüdischer Autor nach der Schießerei in Poway etwa: »Der antisemitische Mord an Juden verblasst im Vergleich zur systematischen rassistischen Gewalt gegen Schwarze und andere.« Das ist eine erstaunliche Reaktion.

Nach Angaben des FBI waren Juden seit 1995 in jedem einzelnen Jahr die Hauptopfer religiös motivierter Hassverbrechen in den Vereinigten Staaten. Angriffe auf Juden überstiegen Hassverbrechen gegen Moslems, selbst in einer Zeit, in der die Trump-Administration eine dezidiert antimoslemische Politik verfolgte. Abgesehen von rechtsradikalen Gewalttaten, denen viel mediale Beachtung zuteilwird, gibt es nur wenig Bewusstsein über das tatsächliche Ausmaß antisemitischer Übergriffe durch Amerikaner sämtlicher Rassen und Glaubensgemeinschaften.

Nachdem Juden erfolgreich weißgewaschen und in die Klasse der Privilegierten gesteckt wurden, haben sie nicht mehr das Recht, Personen aus historischen Opfergruppen zu kritisieren – selbst dann nicht, wenn Menschen aus diesen Gruppen andere zu Opfern machen. Steve Kings Antisemitismus und Rassismus darf ohne Bedenken kritisiert werden, aber nicht Linda Sarsour, die Anführerin des Women's March, die immer wieder mit antisemitischen Ausbrüchen auffiel. Wer sie kritisiert, muss sich nicht nur vorwerfen lassen, Rassist, Frauenfeind und islamophober Anhänger Trumps zu sein, sondern sogar ihr Leben in Gefahr zu bringen.

In ihrem gerechten Versuch, historisches Unrecht zu korrigieren, wiederholt die Intersektionalität eine Logik (einige Gruppen sind von Natur aus besser, andere sind von Natur aus schlechter), die diesen Ansatz überhaupt erst nötig gemacht hat. Sie führt zu einer Retribalisierung, die uns daran hindert, Menschen als Individuen zu behandeln – eine Idee, die ebenso unamerikanisch ist wie die rechte Vorstellung, weiße Amerikaner seien amerikanischer als andere.

* * *

Juden, die sich der progressiven Konversion widersetzen, werden immer häufiger als Gehilfen der weißen Vorherrschaft verleumdet. Rechtsradikale hingegen bestehen weiterhin darauf, dass Juden Verräter an der weißen Mehrheit sind, da sie die Demokraten wählen und Einwanderung unterstützen. Angesichts der Bedeutung, die Rasse in der amerikanischen Geschichte einnimmt, sollten wir vielleicht nicht überrascht sein, dass die Funktion der Juden von der Frage des »Weißseins« abhängt. Das heißt: Während die Linke uns als weiß bezeichnet, behauptet die Rechte, wir würden das Weißsein bloß vortäuschen, um andere zu betrügen.

Die Linke macht Juden auf drei grundlegende Arten zu Vollstreckern und Profiteuren der weißen Vorherrschaft:

Erstens sind amerikanische Juden zumeist weiß, weil viele von uns osteuropäischer Herkunft sind. Wenn wir es mit der Polizei, mit Arbeit- oder Kreditgebern zu tun haben, treten wir als Weiße in Erscheinung. Weil wir in Amerika so erfolgreich waren, können wir unmöglich Opfer sein.

Zweitens werden amerikanische Juden als weiße Rassisten gesehen, weil wir Israel unterstützen, einen Staat, über den eine gewaltige Lüge verbreitet wird. Man bezeichnet das Land, als weißes kolonialistisches Projekt, als Ausdruck des amerikanischen Imperialismus. Unerwähnt bleibt, dass mehr als die Hälfte aller israelischen Juden Flüchtlinge aus dem Nahen Osten sind und die Gründer des Landes vor rassischer und religiöser Unterdrückung im imperialen Russland fliehen mussten. Israel war die einzige westliche Nation, die verfolgten Menschen aus Afrika in großer Zahl in die Freiheit führte und Hunderttausenden von Holocaust-Überlebenden eine Chance auf ein neues Leben gab, als die meisten Nationen sich weigerten, dies zu tun.

Drittens sind wir weiße Rassisten, weil wir Antisemiten kritisieren, auch wenn diese Antisemiten farbige Menschen sind. Und da wir uns gegen Antisemitismus aussprechen, ohne auf unterdrückte Gruppen Rücksicht zu nehmen, werden Juden als Unterdrücker bezeichnet.

Interessanterweise sind die Leute, die sich am nachdrücklichsten für das Weißsein der Juden einsetzen, andere weiße Liberale. Wie Zach Goldberg, Doktorand der Politikwissenschaften an der Georgia State University, gezeigt hat, ist die Sympathie weißer Liberaler für Juden und Israel in den letzten Jahren an eine zunehmende Zahl von Bedingungen geknüpft. Goldberg schreibt: »Nachdem sie sich vollständig vom Holocaust erholt haben, sind die Juden nicht mehr das unterdrückte Kollektiv, mit dem weiße Liberale ohne weiteres sympathisieren können. Andere Gruppen, die in der Privilegienhierarchie niedriger stehen und weniger durch die Assoziation mit dem Weißsein belastet sind, haben jetzt Vorrang.« Und weiter: »Um zu erkennen, wie sich diese Logik auch auf Israel ausdehnt, muss man bedenken, dass die gleiche emotionale Empörung über die Verfolgung der Schwachen durch die ›Privilegierten‹, die die wechselnden politischen Positionen zu innenpolitischen Themen dominiert, sich auch auf die internationale Arena ausweitet, wo Israel ein fester Bestandteil des moralischen Dramas ist. (…) Da Juden in der liberalen politischen Vorstellungswelt zu Aushängeschildern des Weißseins geworden sind – bis zu dem Punkt, an dem Israel als weißer Staat gilt, obwohl es eine nicht-weiße Mehrheit hat – werden sie mit einer Unterdrückerklasse assoziiert.«

Das ist der Grund, warum jeder, der es wagt, die Anführerinnen des Women's March, Tamika Mallory und Linda Sarsour zu kritisieren, als rassistisch beschimpft wird, während sie selbst in Hochglanz-Frauenmagazinen als moderne Rosies[26] porträtiert werden. Dass sie den Antisemiten, Frauenfeind und Homophoben Louis Farrakhan unterstützen, wird lieber verschwiegen.

Die Darstellung von Juden als weiße Rassisten, ist die neueste Fassung einer alten Regel. Juden werden stets zu dem gemacht, was eine bestimmte Gesellschaft am meisten verachtet. Für die progressiven Linken der Gegenwart ist es das Weißsein. Natürlich gibt es viele Juden, die als

26 »Rosie the Riveter« (Rosie, die Nieterin) war eine fiktive Figur, die 1941 für einen Propagandafilm des US-Kriegsinformationsamts für die Anwerbung von Frauen benutzt wurde. (A.d.Ü.)

weiß durchgehen, aber darum geht es hier nicht. Das Problem ist die gewaltsame Konversion von Juden zu Unterdrückern.

Im Grund genommen handelt es sich dabei um die linke Version der Theorie des Großen Austausches. Während für Rechte die Juden die Werkzeuge von Einwanderern, von braunen und schwarzen Menschen sind, die die weiße Mehrheit verdrängen, macht die linke Version Juden zu Handlangern einer weißen Vorherrschaft, die sich im Staat Israel verkörpert. Damit wiederholt dieses Denken die Lüge, Juden hätten keinen indigenen Anspruch auf das Land Israel – eine Behauptung, die durch Archäologie, Geschichte und Abstammung leicht widerlegt werden kann.

Und dennoch ist diese Lüge allgegenwärtig. In einem kürzlich erschienenen Artikel der *New York Times* stand, Jesus, der Gründer des Christentums, sei »höchstwahrscheinlich ein palästinensischer Mann mit dunkler Hautfarbe« gewesen. Absurd und ahistorisch. Erstens: Jesus war ein Jude. Zweitens war die Region, in der er lebte, zu dieser Zeit als Judäa bekannt. Die Zeitung korrigierte diesen weitverbreiteten Fehler später zwar, begriff aber vermutlich nicht, wie er überhaupt geschehen konnte. Es lag daran, dass »Palästinenser« längst als Synonym für die Ureinwohner des Heiligen Lands gelten.

Natürlich ist es möglich, dass zwei Völker – Juden und Palästinenser – einen indigenen Anspruch auf ein Land haben können. Ich sehe das auch so. Die linke Version der Theorie des großen Austauschs behauptet hingegen, Juden hätten die ursprüngliche palästinensische Bevölkerung ersetzt. Aus dem Grund muss einem altertümlichen Juden eine palästinensische Identität übergestülpt werden (Jesus als Juden zu bezeichnen, wäre ein Verrat an seiner »älteren« und »ursprünglichen« Identität als Palästinenser).

Und aus diesem Grund soll der Zionismus auch nicht für die Rückkehr der Urbevölkerung stehen, sondern für eine kolonialistische Verdrängung.

Es ist dieselbe Theorie, die auch hinter Marc Lamont Hills atemberaubenden Äußerungen steht, »mizrachischer Jude« sei eine falsche Identität, die von Zionisten konstruiert wurde, »um sie von der palästinensischen Identität zu trennen«. Der Professor der Temple University sollte das den Juden in Afghanistan und im Irak sagen, die dort jahrhundertelang als Bürger zweiter Klasse lebten.

Auch hinter manchen Kommentaren der Kongressabgeordneten Rashida Tlaib aus Michigan wirkt diese linke Version einer Theorie des großen Austausches: »Ich sage den Menschen immer, dass ich ein beruhigendes Gefühl habe, wenn ich an den Holocaust, an die Tragödie des Holocausts denke und an die Tatsache, dass es meine Vorfahren – die Palästinenser – waren, die ihr Leben, ihren Lebensunterhalt, ihre menschliche Würde verloren haben, in vielen Fällen wurde ihre Existenz ausgelöscht, so wie auch ihre Pässe. Und all das geschah mit der Absicht, einen sicheren Hafen für Juden zu schaffen, nach dem Holocaust, nach der Tragödie und der schrecklichen Verfolgung der Juden, die in der ganzen Welt zu dieser Zeit stattfand. Und ich liebe die Tatsache, dass es meine Vorfahren waren, die das geschafft haben, und zwar in vielerlei Hinsicht. Aber sie taten es auf eine Art und Weise, die ihre Menschenwürde nahm und die ihnen aufgezwungen wurde.«[27]

27 Im Original: »There's always kind of a calming feeling, I tell folks, when I think of the Holocaust, and the tragedy of the Holocaust, and the fact that it was my ancestors – Palestinians – who lost their land and some lost their lives, their livelihood, their human dignity, their existence in many ways, have been wiped out, and some people's passports. And just all of it was in the name of trying to create a safe haven for

Indem sie die jüdische Präsenz im Land Israel als bloße Entschädigung für den Holocaust darstellt und darauf beharrt, die Araber hätten jüdische Überlebende von Hitlers Völkermord willkommen geheißen, wiederholt Tlaib zwei gewaltige Lügen: In dem Land, dem zwei Völker verbunden sind, sind nur Araber heimisch. Wenn Juden Usurpatoren ohne legitimen Anspruch sind, dann machen sie sich zwangsläufig eines »Austauschs« der natürlichen palästinensischen Lebensweise schuldig. Vielleicht ist das auch der Grund, warum Tlaib sich für einen einzigen (palästinensischen) Staat und nicht für die Zwei-Staaten-Lösung einsetzt.

Die Republikaner haben Tlaibs Äußerungen gegen sie gewendet; alles andere wäre auch ein Fall politischen Versagens gewesen. Aber wenn man sich ausschließlich auf die Reaktion der GOP konzentriert, wie es die Sprecherin des Repräsentantenhauses, Nancy Pelosi, getan hat, dann ignoriert man, was die Kongressabgeordnete tatsächlich gesagt hat. Wenn jemand sagt, er habe ein »beruhigendes Gefühl« weil seine Vorfahren »ihr Leben, ihren Lebensunterhalt, ihre menschliche Würde verloren haben, in vielen Fällen wurde ihre Existenz ausgelöscht«, dann handelt es sich bei der Person entweder um einen Heiligen oder einen Lügner.

Warum bloß bemühen sich so viele Menschen darum, eine solche Lüge zu vertuschen.

Jews, post – the Holocaust, post – the tragedy and the horrific persecution of Jews across the world at that time. And I love the fact that it was my ancestors that provided that, right, in many ways. But they did it in a way that took their human dignity away and it was forced on them.« (A.d.Ü.)

Kapitel 5

Radikaler Islam

Wegen einer Hostie wurden im Jahr 1298 Juden in Europa auf Scheiterhaufen verbrannt. Die schlimmsten Gewalttaten gegenüber europäischen Juden seit den Kreuzzügen begannen am 20. April in Röttingen, nachdem man einheimische Juden beschuldigt hatte, eucharistische Oblaten gestohlen zu haben, um sie zu schänden. Ein Augenzeuge berichtete, die Hostien hätten unter Folter zu bluten begonnen. Dieser verleumderische Bericht löste in fast 150 Städten in Österreich und Deutschland Pogromen aus. In nur wenigen Jahren kamen rund hunderttausend Juden ums Leben.

Um dieses Massaker verstehen zu können, muss man einen Blick in die Geschichte kirchlicher Doktrinen werfen. Im Jahr 1215 bestimmte die Kirche offiziell das Konzept der Transsubstantiation: Die Hostie und der Wein galten nicht mehr nur symbolisch als Leib und Blut Christi, sie waren es ab jetzt auch tatsächlich. In der Folge machten Geschichte von Juden, die Oblaten folterten, kreuzigten und zum Bluten brachten, die Runde.

Ich beginne dieses Kapitel mit einem besonders absurden und brutalen christlichen Aderlass, der uns heute als *Rintfleisch-Pogrom* bekannt ist. Dadurch soll deutlich werden, dass heute zwar der radikale Islam eine besondere Bedrohung für das jüdische Volk darstellt, das Christentum jedoch bis ins zwanzigste Jahrhundert hinein, für den Tod von mehr Juden verantwortlich war als jede andere Ideologie. Wenn dieses Buch nicht heute, sondern im Mittelalter erschiene, würde sich das folgende Kapitel vor allem auf die tödliche Bedrohung des Judentums durch die christliche Religion konzentrieren.

Nicht anders als Politik und Kultur sind auch Religionen formbar und nicht in Stein gemeißelt. Sie haben nicht nur das Potential sich zu ändern, sie tun es auch tatsächlich. Im Dreißigjährigen Krieg schlachteten sich Protestanten und Katholiken gegenseitig ab, weil sie unterschiedliche Ansichten über die Zusammensetzung von Hostien (Fleisch oder Kohlenhydrate?) hatten. Die Frage, die dieser Krieg, in dem acht Millionen Menschen ihr Leben verloren, aufwarf: Wie können Menschen mit grundlegend verschiedenen religiösen Weltanschauungen zusammenleben, ohne sich gegenseitig umzubringen? Das amerikanische Experiment gab später eine Antwort, die sich als erstaunlich erfolgreich erwies. Bekämpften sich Katholiken und Protestanten einst aufs Blut, treffen sie sich heute zum gemeinsamen Brunch.

Die Tatsache, dass Religionen nicht statisch sind, dass verschiedene Lehren und Texte, Heldenfiguren und Interpretationen im Laufe der Zeit hervorgehoben oder aber widerlegt werden (es gibt sowohl im Koran als auch im Neuen Testament schreckliche Aussagen über Juden), sollte uns Hoffnung geben.

Und doch tun manche Gruppen, die offenkundig politische Interessen verfolgen so, als wären diese sensiblen Themen ausschließlich schwarz und weiß. Einige auf der politischen Rechten versuchen, das Christentum von seiner blutigen Geschichte gegenüber den Juden reinzuwaschen, und argumentieren, der Islam sei ein außergewöhnlich gewalttätiges Glaubensbekenntnis. Und manche Linke sind bemüht, den Antisemitismus als ein ausschließlich christliches Phänomen und den heutigen Islam als grundlegend missverstanden zu präsentieren. Das erste leugnet die Geschichte und bereinigt die hässliche Vergangenheit Europas, um antimoslemische Ressentiments und diskriminierende Gesetze der Gegenwart zu rechtfertigen. Das zweite leugnet unsere schwierige Gegenwart, was einer noch hässlicheren Zukunft den Weg bereitet.

Weder die eine noch die andere Version trifft vollständig zu. Die Wahrheit liegt, wie so oft, irgendwo dazwischen. Wie man bei zahlreichen Islamwissenschaftlern, vor allem bei Bernard Lewis (*The Jews of Islam*[28]), nachlesen kann, waren moslemische Länder lange Zeit Juden gegenüber gastfreundlicher als christliche Länder. Lewis fasst es wie folgt zusammen: Die jüdische Erfahrung unter dem Islam war »nie so schlecht wie im Christentum zu seiner schlimmsten Zeit, und auch nie so gut wie im Christentum zu seiner besten Zeit.«

Im Islam waren die Juden eine »geduldete« Minderheit zweiter Klasse, sogenannte *Dhimmis*. Zu ihrem Schutz mussten sie eine hohe Steuer zahlen, durften keine Synagogen bauen, in der Öffentlichkeit keinen Wein trinken, nicht reiten und keine Zeugenaussagen vor Gericht machen. Die Kennzeichnungspflicht für Juden ging auch nicht auf die Nazis zurück, sondern wurde bereits im achten Jahrhundert in islamischen Ländern praktiziert. Dem United States Holocaust Museum zufolge »mussten die Juden in Bagdad unter Kalif Haroun al-Rashid (807 n. Chr.) gelbe Gürtel oder Fransen tragen. Unter dem Kalifen al-Mutawakkil (847-61) trugen die Juden ein Abzeichen in

28 Bernard Lewis, The Jews of Islam, Princeton 1984, S. 245

Form eines Esels, die Christen Figuren in Form von Schweinen. Ab 1005 mussten ägyptische Juden auch Glocken an ihrer Kleidung zu tragen.«

Die Rede vom goldenen Zeitalter ist also ebenso falsch, wie die Behauptung, es wären besonders finstere Zeiten gewesen. Der Antisemitismusforscher Robert Wistrich schrieb 2002 in seinem Bericht *Muslim Anti-Semitism: A Clear and Present Danger*: »Trotz der Knechtschaft und Diskriminierung, die der Dhimmi-Status der Vormoderne mit sich brachte, waren die Juden unter dem Islam dennoch relativ bessergestellt als ihre Glaubensbrüder in den christlichen Ländern. Sie trugen zum Beispiel nicht das theologische Odium der Christusmörder als Kainsmal auf ihrer Stirn. Die selbstbewussteren mittelalterlichen Moslems verspürten nicht den gleichen Zwang wie ihre christlichen Kollegen, das Judentum als Religion zu negieren, endlose gehässige Polemiken gegen dessen Gültigkeit zu führen oder den ›Alten Bund‹ durch ein ›neues‹ geistiges Israel zu ersetzen. ... Die Diskriminierung, die sie unter dem Islam erlitten, war qualitativ weitaus harmloser als die Ausgrenzung und Dämonisierung im mittelalterlichen Christentum.«[29]

Mit anderen Worten: Es gab zwar systematische Vorurteile gegen Juden, aber keinen Antisemitismus im Sinne einer Verschwörungstheorie, die Juden für die globale Verbreitung des Bösen verantwortlich macht. Und doch findet eine solche Verschwörung heute nirgends so viele Anhänger und Verbreiter wie in der islamischen Welt. Was war geschehen? Wie wurde eine Region, in der Juden seit Generationen lebten, fast vollständig *judenrein*?

29 Robert Wistrich, Muslimischer Antisemitismus. Eine aktuelle Gefahr. Berlin 2011, S. 164

Wie die meisten Entwicklungen, die unsere moderne Welt prägten, fand dieser Wandel im neunzehnten Jahrhundert statt. Forscher führen dies auf eine Kombination verschiedener Entwicklungen zurück: den Aufstieg des Nationalismus, einschließlich des politischen Zionismus, die Bedrohung des traditionellen Islam durch den westlichen Liberalismus, die Globalisierung sowie den Kolonialismus.

Der europäische Kolonialismus brachte eine große Anzahl an Christen in die Region, während der islamische Kolonialismus unter der Herrschaft des Osmanischen Reiches immer schwächer wurde. Ausländischen Diplomaten, religiösen Persönlichkeiten und Bürokraten brachten ihre bedrohlichen Vorstellungen über Juden, einschließlich der Ritualmordlegenden mit. Eine der ersten Verleumdungen dieser Art in der islamischen Welt ereignete sich 1840 in Damaskus, mehr als 350 Jahre nachdem man die italienischen Juden für das Verschwinden des jungen Simon von Trient verantwortlich gemacht hatte. In diesem Fall wurden die Juden beschuldigt Pater Thomas, einen christlichen Mönch, ermordet zu haben. Neun der bekanntesten Juden der Stadt wurden verhaftet und gefoltert. Man riss ihnen die Zähne und Haare aus und fügte ihnen Verbrennungen zu. Die Londoner *Times* schrieb, es handele sich um »einen der wichtigsten Fälle, die je der zivilisierten Welt zur Kenntnis gebracht wurden«. Sollten die Juden des Verbrechens schuldig sein, »dann muss die jüdische Religion sofort vom Angesicht der Erde verschwinden«. So stand es in einer Zeitung, die im Herzen des zivilisierten und aufgeklärten Europas erschien.

Es wäre jedoch falsch zu behaupten, solche antisemitischen Vorstellungen seien ein reiner Import aus dem Westen. Ohne fruchtbaren Boden, hätten diese Ideen unmöglich Fuß fassen können. Einen solchen Boden fand man nicht nur im Koran, in dem bestimmte Verse nun stärker beachtet wurden, sondern auch in den religiösen Lehren von Predigern wie Ibn Taymiyyah, der im dreizehnten Jahrhundert wirkte.

Bereits 1933 teilte der Großmufti von Jerusalem deutschen Beamten in Jerusalem seine Unterstützung für Hitler mit. Amin al-Husseinis Treffen mit Hitler im Jahr 1941 ist allgemein bekannt; weniger bekannt ist die Tatsache, dass der Mufti tatsächlich Soldaten für die Handschar-Division der Nazis rekrutierte. Während der Mufti seine Verbindungen zu Hitlers Regime vertiefte, konnten die Nazis ihre Propaganda in der Region weiter ausbreiten. Jeffrey Herfs Buch *Nazi Propaganda for the Arab World*[30] zeigt, wie der Nationalsozialismus in Verbindung mit einer bestimmten Auslegung des Islams eine besonders giftige Mischung hervorbrachte: »Es war eine selektive Lesart des Korans und eine Konzentration auf die antijüdischen Strömungen innerhalb des Islams in Verbindung mit der nationalsozialistischen Anprangerung des westlichen Imperialismus und des sowjetischen Kommunismus, die der nationalsozialistischen Propaganda den Zugang zu den Arabern in Nordafrika, Ägypten, Palästina, Syrien, dem Libanon und dem Irak sowie zu den Moslems im Nahen Osten im Allgemeinen ermöglichte.“

Die Gründung des Staates Israel im Jahr 1948 und die Tatsache, dass es mehreren arabischen Armeen nicht gelang, die junge Nation zu besiegen, verstärkte die Feindseligkeit weiter. Zwei Jahre später veröffentlichte Sayyid Qutb, der Vater des islamischen Fundamentalismus und intellektuelle Pate Osama bin Ladens, »Unser Kampf mit

30 Jeffrey Herf, Nazi Propaganda for the Arab World. Yale 2009, S. 320

den Juden«, ein Dokument, dessen völkermörderische Logik die Gemüter im Nahen Osten und weit darüber hinaus in seinen Bann zog.

Qutbs Argument lautet wie folgt: Die Juden haben nicht nur sämtliche Übel der modernen Welt, also westliche Zivilisation, Nationalismus, Kommunismus, Feminismus und vieles mehr, verursacht. Seit dem siebten Jahrhundert sind sie auch Feinde des Islams. Um die islamische Zivilisation zu ihren wahren Wurzeln zurückzuführen – der einzige wirkliche Weg den Westen zu besiegen –, müssen die Juden als Hauptsymbol des Westens und der Moderne ausgerottet werden. Qutb, der 1949 sechs Monate als Doktorand in Colorado verbrachte, hasste vor allem die Vereinigten Staaten. Seine Ansichten über amerikanische Frauen waren nicht minder hasserfüllt als sein Kommentar zum Jazz: »Das ist die Musik, die die Neger erfunden haben, um ihre primitiven Neigungen zu erfüllen und ihrem Bedürfnis nachzukommen, laut zu sein und bei anderen animalische Tendenzen zu erzeugen.«

Man kann sich vorstellen, wie Qutbs Botschaft über die Juden und den Westen nach dem schockierenden Sieg Israels im Jahr 1967 auf Zuspruch stieß. Zu diesem Zeitpunkt begann die Sowjetunion, die Region ebenso mit bösartiger Propaganda zu fluten, wie mit modernen Waffen. Sie unterstützte Ägypten militärisch, um einen Stellvertreterkrieg gegen die Vereinigten Staaten führen zu können. Ihr erstes Ziel war Israel.

Heute ist die muslimische Welt fast völlig judenfrei. Die größte jüdische Gemeinde im Nahen Osten außerhalb Israels befindet sich im Iran, wo noch rund 8500 Juden leben – weniger als in Alabama. In Ägypten sind es weniger als zwanzig, und im Irak nur noch fünf, obwohl Bagdad einst zu einem Drittel aus Juden bestand. In Afghanistan gibt es nur noch einen einzigen Juden. Sein Name ist Zablon Simintov.

Etwa 850.000 Juden, unter ihnen zahlreiche Mitglieder von Gemeinden, die Jahrhunderte vor der Ausbreitung des Islams im Nahen Osten heimisch waren, wurden nach der Gründung Israels aus ihrer Heimat vertrieben. Bald schon könnte die Weltregion, die das Christentum hervorbrachte, auch vollkommen frei von Christen sein. Doch obwohl es hier fast keine Juden und zunehmend auch keine anderen religiösen Minderheiten mehr gibt, ist der Antisemitismus in diesem Teil der Welt gefährlicher denn je.

Der kürzlich verstorbene Nahostwissenschaftler Fouad Ajami bezeichnete die Ideologie, die den Nahen Osten ins Chaos stürzt, als »bösartige Trilogie« aus »Antiamerikanismus, Antisemitismus und Antimodernismus«. Mir scheint, dass diese Trilogie auf einer weiteren basiert: Nazismus, Sowjetkommunismus und radikaler Islam. Wenn man versteht, auf welche Weise diese Teile verbunden sind, kann man auch besser nachvollziehen, warum die Charta der Hamas (die erst kürzlich überarbeitet wurde) behauptet, die Juden hätten nicht nur Französische und die Russische Revolution, sondern auch beide Weltkriege verursacht.

Bernard Lewis, Ajamis Lehrer, schrieb 1986 über den Antisemitismus in der Region: »Die Menge, Umfang und Auflagenstärke antisemitischer Büchern und Artikeln, das Ansehen und Autorität der Personen, die sie publizieren, veröffentlichen und finanzieren, ihr Rang im Lehrplan der Schulen und Universitäten, ihre Rolle in den Massenmedien, lassen darauf schließen, dass klassischer Antisemitismus ein essentieller Teil des heutigen intellektuellen arabischen Lebens ist – nahezu in dem gleichen Umfang wie in Nazi-Deutschland und wesentlich mehr als im Frankreich des späten neunzehnten und frühen zwanzigsten Jahrhundert.« Vielleicht sah Lewis voraus, wie schlimm es noch werden würde, aber ich glaube nicht, dass er erkannte, in welchem Maße sich der Antisemitismus »krebsgleich« in der moslemischen Welt ausbreiten würde, wie Fareed Zakaria kürzlich in *The Washington Post* schrieb.

Niemand klärt so gut über den Einfluss des Judenhasses im Nahen Osten auf, wie das Middle East Media Research Institute (MEMRI), das fremdsprachige Medienberichte ins Englische übersetzt. Wer sich auf die Website von MEMRI begibt, findet wahrhaft schockierende Beiträge. (In dem Buch von Neil Kressel *Sons of Pigs and Apes*[31] kann man einige der schlimmsten nachlesen.)

Der Hass wird von Staatsoberhäuptern verbreitet und ist nicht auf die arabischen Länder beschränkt. Man denke nur an den Iran, dessen oberster Führer, Ayatollah Ali Khamenei, regelmäßig Dinge wie diese sagt: »Dieses barbarische, wolfsähnliche und kindermörderische Regime Israels, das kein Verbrechen scheut, muss vernichtet werden.« Der Hass kommt ebenso von populären islamistischen Bewegungen wie der Muslimbruderschaft, in deren Kreisen immer wieder eine Hadith-Stelle zitiert wird, nach der das Jüngste Gericht erst dann kommt, wenn »die Muslime die Juden bekämpfen und sie töten.« Er kommt auch von Politikern, aus islamischen Ländern, die vor kurzem noch als liberal galten. Der libanesische Parlamentssprecher Nabih Berri wurde kürzlich in einem libanesischen Artikel mit dem Titel »Wie man einen Juden erkennt« zitiert. Berri gab den folgenden Ratschlag: »Wenn Sie eine schwangere Frau sehen, nähern Sie sich ihr und werfen Sie ihr ein

31 Neil Kressel, »The Sons of Pigs and Apes«, Washington 2012, S. 282

Goldstück vor die Füße. Wenn der Fötus aus dem Mutterleib herausspringt und das Gold ergreift, wissen Sie, dass es ein Jude ist.«

Die vielleicht einflussreichste Quelle des antijüdischen Hasses dürften die Medien sein, also Fernsehen, Radio, Zeitungen und natürlich die sozialen Netzwerke. Im Jahr 2002 lieft im ägyptischen Fernsehen während des Ramadan-Monats eine einundvierzigteilige Serie mit dem Titel *Horseman Without a Horse*. Das Thema der Serie war die zionistische Weltverschwörung und die Produzenten gaben offen zu, von den »Protokollen der Weisen von Zion« inspiriert worden zu sein. Der Star der Serie und ihr Co-Autor Mohamed Sobhi erklärte, der Zionismus habe »die Welt seit Anbeginn der Geschichte kontrolliert«. Die *New York Times* schätzt, dass die Sendung von mehreren Dutzend Millionen Menschen gesehen wurde.

Dabei handelt es sich bei solchen Ansichten über die Macht der Juden keineswegs um Randerscheinungen. Die in Saudi-Arabien aufgewachsene Feministin Ayaan Hirsi Ali wusste von klein auf, dass Juden die Wurzeln allen Übels seien, obwohl sie nie einem begegnet war. »In Saudi-Arabien war alles Schlechte die Schuld der Juden«, erinnert sie sich. »Wenn die Klimaanlage kaputt ging oder der Wasserhahn nicht mehr funktionierte, sagten die saudischen Frauen von nebenan immer, die Juden seien schuld. Den Nachbarskindern wurde beigebracht, für die Gesundheit ihrer Eltern und die Vernichtung der Juden zu beten. Später, als wir in die Schule gingen, beklagten sich unsere Lehrer ausführlich über all die schlimmen Dinge, die Juden gegen Muslime getan hatten und noch tun würden. Wenn die Frauen der Nachbarschaft über jemanden tratschten, sagten sie häufig: ›Sie ist hässlich, sie ist ungehorsam, sie ist eine Hure – sie schläft mit einem Juden.‹«

Während ich diese Zeilen schreibe, hetzt ein ägyptischer Schauspieler und Schriftsteller namens Hesham Mansour, der auf Twitter mehr als 800.000 Follower hat, gegen Juden: »Juden kontrollierten das Raum-Zeit-Kontinuum« und »ich verweise auf den Da-Vinci-Code-Film, die satanische Vergewaltigungsszene unter dem Davidstern, in der gezeigt wird, was Juden mit Frauen anstellen«. Das ganze gipfelte in seiner Forderung: »Lasst uns jetzt ein paar Juden töten.«

Angesichts der Tatsache, dass Antisemitismus in einem großen Teil der Welt eine normative Botschaft ist, sollte das Ergebnis einer Studie der Anti-Defamation League aus dem Jahr 2014, die antisemitische Einstellungen in hundert Ländern untersuchte, niemanden überraschen: 54 Prozent der Weltbevölkerung gab an, noch nie vom Holocaust gehört zu haben. Eine wahrhaft beängstigende Tatsache, die nur noch von derjenigen in den Schatten gestellt wird, dass im Nahen Osten und Nordafrika lediglich 8 Prozent von der Vernichtung der europäischen Juden gehört haben oder glauben, dass sie auch stattfand.

Eine Pew-Umfrage aus dem Jahr 2008, die in vierundzwanzig Ländern durchgeführt wurde, ergab, dass nur in sieben Nationen eine Mehrheit der Bevölkerung eine positive Haltung gegenüber Juden besitzt. In Amerika waren es etwa 77 Prozent. Im Libanon hingegen gaben 97 Prozent der Menschen an, Juden negativ zu sehen. In Ägypten und Jordanien waren es jeweils 95, 96 und in der Türkei und Pakistan 76 Prozent.

In den meisten Gegenden der Welt nimmt der Antisemitismus mit dem Bildungsgrad ab. Aus dem Grund ist eine neue Studie der ADL Global 100 besonders erschreckend. Für den Nahen Osten und Nordafrika gilt nämlich, dass der Antisemitismus bei Menschen mit höherem Bildungsgrad besonders verbreitet ist. Ich könnte das weiter ausführen, aber es geht mir hier nicht darum, alle möglichen Statistiken zu dokumentieren. Es ist wichtiger zu verstehen, wie solche Ideen sich in einer Zeit, in der reelle Grenzen immer durchlässiger werden und virtuelle Grenzen weitgehend inexistent sind, ausbreiten. So wie der klassische Antisemitismus einst vom Westen in den Osten wanderte, bewegt sich heute ein Gebräu aus Antisemitismus, Antiliberalismus, Antiamerikanismus und Antizionismus in die entgegengesetzte Richtung. Zu viele Menschen, von denen erhofft wird, dass sie den Kampf gegen diese Krankheit aufnehmen, tragen entweder zu ihrer Ausbreitung bei oder ziehen es vor, den Blick anzuwenden.

* * *

Laut dem Pew Research Center sind zwischen 2010 und 2016 rund 3,7 Millionen Moslems nach Europa eingewandert. In Deutschland stieg ihr Anteil an der Bevölkerung nach einem Zustrom von 850.000 Migranten um etwa 2 Prozent auf fast 5 Millionen, was 6 Prozent der Bevölkerung entspricht. Im gleichen Zeitraum wanderten 530.000 Moslems nach Frankreich ein. Mit 5,7 Millionen machen sie rund 8,8 Prozent der Bevölkerung aus. Ihr Anteil an der Bevölkerung stieg im Vereinigten Königreich in diesen sechs Jahren um etwa 20 % auf 4,1 Millionen (6,3 % der Bevölkerung). Insgesamt machen Moslems heute etwa 5 Prozent der europäischen Bevölkerung aus (ca. 26 Millionen Menschen). Einigen Schätzungen zufolge könnte sich diese Zahl bis 2050 verdoppeln. Im Kontrast dazu gibt es in ganz Europa nur mehr 1,4 Millionen Juden.

Wenn ich über diese Fremden in Europa nachdenke, fällt mir Alan Kurdi ein, dessen Name zumindest für ein paar

Tage allen bekannt war. Alan war der dreijährige syrische Kurde mit dem roten T-Shirt, der im Mittelmeer ertrank. Das Foto seines winzigen, leblosen Körpers, der an den Strand der türkischen Stadt Bodrum gespült wurde, weckte die Welt im September 2015 für einen kurzen Moment auf, bis sich die meisten Menschen wieder mit Facebook beschäftigten. Die vierköpfige Kurdi-Familie hatte gemeinsam mit acht weiteren Personen versucht, mit einem Schlauchboot die griechische Insel zu erreichen. Sie hatten die Hoffnung auf diesem Wege nach Kanada zu gelangen.

Nicht alle, die nach Europa kommen, waren in ihren Heimatländern in Todesgefahr. Aber wenn man sich die Länder anschaut, aus denen sie kamen – Syrien, Afghanistan, Somalia – muss man sagen, dass sie in etwa so viel Pech mit den Umständen ihrer Geburt hatten, wie ich Glück. Ich bin Teil einer religiösen Tradition, in der die Bereitschaft, Fremde aufzunehmen, mit dem Gottesbegriff zusammenhängt. In der Bibel steht, dass wir einen Fremden nicht unterdrücken sollten, da wir einst als Fremde in Ägypten lebten. In der Geschichte Abrahams, des Stammvaters der Juden, stellten sich die Fremden, die er in seinem Zelt aufnahm – die nahöstlichste aller Traditionen – später als Engel heraus. Ich bin mir auch bewusst, dass ich meine Freiheiten nur genießen kann, weil meine eigene Familie einst aus einem feindlichen Europa auswanderte, um in Amerika ein besseres Leben zu suchen.

Aus diesen beiden Gründen bin ich aus tiefstem Herzen dafür, Fremde willkommen zu heißen. Ich bin auch fest davon überzeugt, dass sie und ihre Familien in einer gesunden, liberalen Demokratie die Möglichkeit haben, sich gleichzeitig an die neuen Sitten anzupassen und ihre Gemeinschaften und das Beste ihrer Traditionen zu bewahren.

Ein Deutschland, das Asylsuchende abweist, ist »nicht

mein Land«, sagte Angela Merkel 2015. Mit diesem Satz versuchte sie ihre Entscheidung zu rechtfertigen, Deutschlands Grenzen offen zu halten. Es war eine Aussage, die mich angesichts der Geschichte des Landes sehr bewegte. Immer wieder versprach sie »Wir schaffen das« und ich hoffe, dass sie Recht behält. Und doch gibt es durchaus Grund zur Sorge, wenn man sich anschaut, welche Folgen die Ankunft der Neuankömmlinge für Europa und die hier lebenden Juden haben – und was die europäische Erfahrung für Amerika bedeuten wird.

* * *

Wir sollten davon ausgehen, dass Ideen wichtig sind und dass Menschen, die uns ihre Weltanschauung mitteilen, es ernst meinen.

So wie die Kolonisatoren des 19. Jahrhunderts ihre Vorstellungen der Ritualmorde mit in den Osten nahmen, so lassen auch die Fremden, die heute zu uns kommen, ihre Weltanschauungen nicht an den Grenzen Europas zurück.

Moslems in Europa sind weitaus antisemitischer als die allgemeine Bevölkerung. Eine Umfrage der Anti-Defamation-League aus dem 2015 liefert nach Ländern aufgeschlüsselte Zahlen: In Deutschland haben 56 Prozent der Muslime antisemitische Ansichten, verglichen mit 16 Prozent der Gesamtbevölkerung. In Frankreich liegt das Verhältnis bei 49 zu 17 Prozent und im Vereinigten Königreich sind es 54 zu 12 Prozent.

Im März 2019 hielt der Imam des Islamischen Zentrums Kaiserslautern, Said Abu Hafs, eine Predigt mit dem Titel »Die Stellung der Juden gegenüber dem Islam«. Wer die oben genannten Zahlen kennt, dürfte bezüglich des Inhalts der Predigt nicht überrascht sein: »Eine ihrer bösen Methoden, den Islam zu bekämpfen, bestand darin, die Einheit der Muslime zu zerreißen. (…) Es ist bekannt und bedarf keiner weiteren Erklärung, dass sie unter allen Menschen für ihren Geiz und ihre Liebe zum Geld berüchtigt sind. (…) Sie sind verliebt in Gold. Sie sind arrogant, besonders ihre Rabbiner und ihre Führer. Sie versklaven andere Menschen.«

Und doch ist es schwer, das genaue Ausmaß des islamistischen Antisemitismus in Europa zu erfassen. Zum Teil liegt das daran, dass Muslime in Europa selbst Opfer von Vorurteilen und Diskriminierung sind, ganz zu schweigen von wirtschaftlichen und sozialen Herausforderungen. Zum Teil liegt es aber auch daran, dass die Benennung des Ausmaßes des Problems allzu oft Vorwürfe von Islamophobie und Fremdenfeindlichkeit nach sich zieht. Deshalb wird über dieses zutiefst unbequeme Phänomen viel zu selten berichtet. Und doch stützen die vorhandenen Berichte und Daten eine nicht zu leugnende Tatsache: Es ist gefährlich, ein Jude in Europa zu sein.

Beginnen wir mit Frankreich. Obwohl die Zahl der Moslems hier zehnmal höher ist als diejenige der Juden, richteten sich 2017 fast 40 Prozent der rassistisch oder religiös motivierten Hassverbrechen gegen letztere. (Im Jahr 2018 gab es fast 550 Vorfälle, eine Steigerung zum Vorjahr um 74 Prozent.) Juden werden in Frankreich fünfundzwanzigmal häufiger angegriffen als Muslime. Frankreichs Innenminister, Christophe Castaner, sagte im Februar dieses Jahres: »Der Antisemitismus verbreitet sich wie ein Gift.«

Die führende Antisemitismus-Beobachtungsstelle der Niederlande, das Center for Information and Documentation Israel, schätzt, dass Moslems und Araber für rund 70 Prozent aller antisemitischen Angriffe verantwortlich sind. Im Jahr 2018 meldete die Gruppe einen Rekordanstieg antisemitischer Vorfälle um 19 Prozent. Die neuen Europäer haben aber nicht nur Antisemitismus importiert. Laut einem Bericht von Ipsos MORI aus dem Jahr 2018 sind mehr als 52 Prozent der britischen Muslime der Meinung, dass Homosexualität verboten werden sollte. In Birmingham, einer Stadt, in der mehr als jeder fünfte Einwohner Muslim ist, haben einige Grundschulen nach leidenschaftlichen Protesten der Eltern den Unterricht zur Förderung der LGBT-Toleranz eingestellt. Laut einer Umfrage des Thinktanks Policy Exchange glauben mehr britische Muslime, dass Juden den 11. September 2001 verübt haben, als Al-Qaida.

Im Mai 2019 veröffentlichte das deutsche Bundesamt für Verfassungsschutz (BfV) einen Bericht mit dem Titel »Antisemitismus im Islamismus«. In ihm wurden Vorfälle dokumentiert, die in Deutschland mittlerweile alltäglich geworden sind. Im April 2016 wurde eine Frau, die einen Anhänger mit den Umrissen Israels trug, in Berlin von zwei arabischstämmigen Männern beschimpft: »Ihr Scheißjuden! Ihr seid der Abschaum der Welt.« Im Dezember 2017 wurde ein jüdischer Gymnasiast von einem arabischen Mitschüler mit den Worten »Ihr seid Kindermörder. Euch sollte man die Köpfe abschneiden!« angegriffen. Als ein junger Araber aus Israel herausfinden wollte, ob das öffentliche Tragen einer Kippa tatsächlich gefährlich ist, wurde er gleich von drei Männern angegriffen, die »Yahudi!«, das arabische Wort für »Jude«, schrien. Einer von ihnen verprügelte ihn mit seinem Gürtel. Der Angriff ereignete sich im beliebten und hippen Berliner Stadtteil Prenzlauer Berg.

Für die achtzehntausend Juden Schwedens sind Angriffe längts zum Alltag geworden. In der im Süden des Landes gelegenen Stadt Malmö, in der mindestens 20 Prozent der

Bevölkerung moslemisch ist und in der nur noch rund eintausend Juden leben, ist die Lage besonders bedrohlich. Shneur Kesselman, der als einziger chassidische Rabbiner in der Stadt leicht zu erkennen ist, wurde Opfer von mehr als hundert verbalen und körperlichen Angriffen. Wenn man sich mit dem politischen Klima der Stadt beschäftigt, versteht man leicht, wie es dazu kommen konnte.

Nachdem Donald Trump 2017 verkündet hatte, die Vereinigten Staaten würden Jerusalem fortan als Hauptstadt Israels ankerkennen, gingen Hunderte von Demonstranten auf die Straße. Obwohl der Protest als Kritik am Staat Israel angekündigt war, skandierten die Demonstranten auf Arabisch »Wir werden die Juden erschießen«. Ihre Forderung war eine Intifada in ihrer neuen Heimat. Vielleicht konnten sie Trost in den Aussagen von Ilmar Reepalu, der von 1994 bis 2013 Bürgermeister der Stadt war, finden. Bei Juden in aller Welt war er für Äußerungen wie »Malmö akzeptiert keinen Antisemitismus und keinen Zionismus« berüchtigt. Die Juden der Stadt hätten, so Reepalu, »die Möglichkeit, die Art und Weise, wie die Gesellschaft sie sieht, zu beeinflussen«. Ganz so, als wäre der gegen sie gerichtete Hass ihre Schuld.

Niemand möchte sich der schmutzigen Realität stellen. Die einzigen, die sich dem Problem anzunehmen scheinen, sind rechtsextreme Parteien, die nur allzu bereit sind, in die Bresche zu springen, um durch die Dämonisierung von Moslems und die Verbreitung von Ressentiments ihre politischen Ziele zu verfolgen. Wie Alain Finkielkraut es formulierte: Marine Le Pen ist deshalb so erfolgreich, weil »es in Frankreich in der Tat ein Problem mit dem Islam gibt. Und bis jetzt war sie die Einzige, die sich getraut hat, das auszusprechen.«

Der Kreislauf ist so vorhersehbar wie gefährlich: Ein Islamist begeht eine Schreckenstat. Linke Politiker und die liberale Presse versuchen den Vorfall zu ignorieren, oder finden zumindest einen Weg, ihn als Folge von Armut, Entmündigung, schlechter Politik oder einem anderen Versagen der Demokratie zu relativieren. In der Zwischenzeit nutzen rechte Parteien die begangene Tat gnadenlos aus, was mit steigenden Umfragewerte quittiert wird. Sowohl der Anfang wie das Ende dieses Zyklus haben bedrohliche Folgen für die Juden im Land.

Der diesjährige Verfassungsschutzbericht über islamistischen Antisemitismus in Deutschland ist deshalb so bemerkenswert, weil es der erste offizielle Bericht dieser Art in ganz Europa ist. Frankreich erfasst seit 2011 nicht mehr, von welchem Personenkreis antisemitische Angriffe ausgehen. Und selbst die Weise, nach der Deutschland Täter einordnet, ist zutiefst irreführend. Es sieht ganz so aus, als wolle die Regierung die Fakten möglichst unklar wiedergeben. James Angelos stellte in seinem ausführlichen Artikel im *New York Times Magazine* vom Mai 2019 über »den neuen deutschen Antisemitismus« fest, dass Angriffe, bei denen der Täter nicht bekannt ist, automatisch als rechtsextrem eingestuft werden. Dies hat zur Folge, dass laut Statistik 89 Prozent aller Angriffe als rechtsextrem dokumentiert werden. Laut einer Umfrage der Europäischen Union aus dem Jahr 2018 gaben mehr als die Hälfte der befragen Juden an, antisemitische Beleidigungen erlitten zu haben. 41 Prozent der Befragten waren der Ansicht, die schlimmsten Übergriffe gingen von Personen mit »islamischen extremistischen Ansichten« aus.

Auch in Schweden wird diese Bedrohung routinemäßig geleugnet. 2017 veröffentlichte die *New York Times* einen Weckruf der schwedischen Autorin Paulina Neuding. In dem Artikel mit dem Titel »The uncomfortable Truth about swedish Anti-Semitism« schreibt sie: »Vor zwei Jahren veröffentlichte *Aftonbladet*, Schwedens größte Zeitung, eine Kolumne, die sich über die Vorstellung lustig machte, Juden würden wegen des Antisemitismus das Land verlassen wollen. Man tat dies als ›Lüge‹ und ›Hysterie‹ ab und machte Witze über die ›besonders coolen‹ Maschinenpistolen, die Polizisten beim Schutz jüdischer Schulen tragen. In dem gleichen Blatt konnte man 2009 lesen, Israel würde Organraub an Palästinensern begehen – das moderne Äquivalent zur Legende des Ritualmordes.«

Diese Länder und ihre Behörden machen sich nur der Ignoranz gegenüber dem Antisemitismus schuldig. Der womöglich verstörendste Fall der letzten zwei Jahrzehnte trug sich in der britischen Stadt Rotherham zu. Mindestens 1500 Mädchen und Jungs waren hier von einer Gruppe moslemischer Männer, in der Mehrheit pakistanischer Herkunft, manipuliert, verschleppt und vergewaltigt worden. Doch die Angst, der Fremdenfeindlichkeit bezichtigt zu werden, hinderte Polizei und Sozialarbeiter daran, die seit Jahren bekannten Fälle ernst zu nehmen und entsprechend einzugreifen. Und vor kurzem lehnte die Staatsanwaltschaft Belgiens eine Diskriminierungsklage gegen einen türkischen Cafébesitzer ab, der auf einem Schild warnte, Hunde seien willkommen, »Juden aber nicht«. Es ist nicht nachzuvollziehen, warum dies nicht als Diskriminierung, als Antisemitismus der geschmacklosesten Sorte, gewertet wurde.

In gewisser Weise ist diese Leugnung der Gefahr in Europa nichts Neues. Man denke nur an die brutale Ermordung elf israelischer Athleten während der Olympischen Spiele 1972 in München. Deutschland verzichtete damalsauf die nötigen Schutzmaßnahmen, weil es der Welt zeigen wollte, dass es sich verändert hatte. Das Land, das die Spiele 1938 ausgerichtet hatte, sei längst tot und begraben. Auf dem Höhepunkt des Kalten Krieges waren die Wachen im Olympischen Dorf nur mit Funkgeräten bewaffnet. Die acht palästinensischen Terroristen der Organisation »Schwarzer September« musste nur einen drei Meter hohen Zaun überwinden, um zu ihren Geiseln zu gelangen. Am Ende erfüllte sich Deutschlands schlimmste Befürchtung: In dem Land, das den Holocaust hervorgebracht hatte, wurden erneut Juden ermordet. Wieder mussten Juden sterben, weil eine Gesellschaft es vorzog einer extravaganten Lüge zu folgen.

* * *

Das Versagen von Journalisten, Kommentatoren, Professoren, Feministinnen, Schwulenaktivistinnen – den nach ihrem Selbstverständnis größten Verteidigern liberaler Werte – lässt sich kaum überbewerten. Diejenigen, die so viel über die Gleichstellung der Geschlechter, die Rechte von Homosexuellen, Rechtsstaatlichkeit, religiöse Toleranz, die Presse- und Gewissensfreiheit zu sagen haben, sind verdächtig schweigsam, wenn es um die aktuelle Gefahr geht, die der radikale Islam für diese Werte darstellt. In Europa fürchtet man sich vor den unmittelbaren Folgen der Kritik am Islamismus. Der französische Philosoph Pascal Bruckner bemerkte hierzu: »Aus Angst, eine Gemeinschaft gegen eine andere auszuspielen, beginnt man Dinge unter den Teppich zu kehren.« Und welche Ausreden fallen den Amerikanern ein?

Wenn sich westliche Intellektuelle heute zu Wort melden, dann meistens, um sich zu entschuldigen oder zu rechtfertigen oder um islamistische Argumente wiederzukäuen.

Paul Berman hat die Verkommenheit dieser Klasse in *The Flight of the Intellectuals*[32] auf brillante Weise auf den Punkt gebracht. In dem Buch beschreibt Berman, wie einige unserer führenden Intellektuellen den Islamisten Tariq Ramadan in die Arme schlossen, während sie Personen wie Ayaan Hirsi Ali lieber mieden.

Der schwerwiegende Denkfehler, den sie machen, besteht in der Annahme, die Gewalt sei irgendwie berechtigt. Der Islamismus wird als Rache und Strafe für den amerikanischen Imperialismus, die Politik Israels oder gar seine bloße Existenz angesehen. Alles Westliche und Amerikanische sei diskriminierend, schlecht und schädlich, während die Dritte Welt und der Islam ausschließlich Gutes hervorbringen können.

Die gleiche Logik verleitete auch den Erzbischof von Canterbury, Robert Runcie, Jimmy Carter und Legionen weiterer illustrer Persönlichkeiten, zu sagen, Salman Rushdies Fatwa sei irgendwie selbst verschuldet, der Westen solle im Namen der Toleranz islamische Blasphemiegesetze einführen, und das Buch *Satanische Verse* hätte nie veröffentlicht werden dürfen. Der Oberrabbiner des Vereinigten Königreichs, Lord Immanuel Jakobovits, meldete sich ebenfalls in beschämender Weise zu Wort und behauptete, Rushdie habe »die Redefreiheit missbraucht«. (Für eine ausführliche Darstellung dieser Ereignisse empfehle ich Deborah Lipstadts Buch *Antisemitism Here and Now*[33]).

Nach der gleichen Logik hat man versucht, *Charlie Hebdo* eine Mitschuld an den Anschlägen zu geben. Es seien

32 Paul Berman, The Flight of the Intellectuals. The Controversy over Islamism and the Press, New York 2011, S. 304

33 Deborah Lipstadt, Antisemitism: Here and now, New York 2019, S. 240

die Karikaturisten und ihre sündhaften Zeichnungen gewesen, die den Attentäter einen Grund gegeben hätten, in die Räume der Satirezeitschrift einzudringen und zwölf Menschen zu ermorden. Aber was genau sollen die Juden, die vor dem Schabbat zum Einkaufen in den koscheren Hyper-Cacher gingen, getan haben, um den Zorn ihrer Mörder zu provozieren?

Diejenigen, die auch weiterhin darauf bestehen, der wahre Grund für den Terror sei mangelnde Bildung, Marginalisierung und Armut, und nicht etwa eine bestimmte Ideologie, tun dies, obwohl alle Fakten dagegen sprechen. Islamistische Terroristen sind nämlich im Durchschnitt gebildeter und wohlhabender als ihre Nachbarn. Das galt auch für die neun Jihadisten, die Ostern 2019 in Sri Lanka 250 Christen ermordeten. Die Vorstellung, dass Menschen von Ideen geleitet werden, ist für viele schwer erträglich Und aus dem Grund müssen andere Erklärungen herhalten: Politik, Wirtschaft und so weiter.

Die Tatsache, dass nur eine verschwindend geringe Zahl amerikanischer Intellektueller den Mut hat, das Thema in aller Ehrlichkeit anzusprechen, beweist, was vehement bestritten wird: Die Angst vor islamistischer Gewalt, die mit der Stigmatisierung als Feind des Islams oder islamophob beginnt, ist berechtigt. Ebenso berechtig ist die Angst, verleumdet zu werden, denn es gibt zahllose Interessensgruppen und gemeinnützige Organisationen, die darin ihre Aufgabe sehen. Das Southern Poverty Law Center, das jahrzehntelang eine ehrbare, den KKK bekämpfende, Organisation war, begann seinen schmachvollen Abstieg, als es meinen Freund Maajid Nawaz als »antimoslemischen Extremisten« stigmatisierte. Eine wahrlich absurde Vorstellung, wenn man bedenkt, dass Nawaz als islamistischer Rekrutierer vier Jahre in ägyptischen Gefängnissen verbrachte und heute mit seiner gemeinnützigen Organisation »Quilliam« ehemalige Radikale rehabilitiert und gegen Extremismus kämpft. Das Southern Poverty Law Center musste ihm nach einer erfolgreichen Verleumdungsklage drei Millionen Dollar zahlen, aber sein Ruf wurde nachhaltig beschädigt. Wenn ich diesen liberalen Moslems erwähne, der für Werte kämpft, die Liberale angeblich hochhalten, verziehen diese allzu oft angewidert das Gesicht.

»Früher hatten wir unzählige Autoren, die zum Thema Kommunismus schrieben«, bemerkte der Schriftsteller Paul Berman in einem Interview mit Tunku Varadarajan in *The Daily Beast*. »Es war für amerikanische Intellektuelle völlig normal, sich in die Debatte über die Sowjetunion und den Kalten Krieg einzumischen. Aber es gilt nicht als normal, an der Debatte über den Islam teilzuhaben.« Wie erklärt sich dieser Wandel? »Die Leute sind vor allem darauf bedacht, nicht als islamfeindlich angesehen zu werden. Und wenn das Hauptanliegen darin besteht, nicht als islamfeindlich zu gelten, dann schweigt man lieber über das Thema. Außerdem fürchten sich die Menschen vor Millionen von Dingen: Sie haben Angst vor dem Thema, vor der Kontroverse, die ihn umgibt, und natürlich geht damit auch ein gewisses Maß an physischer Einschüchterung einher. Es gibt tatsächlich Themen, die jeder, der bei klarem Verstand ist aus physischer Angst meidet.«

Dies erklärt ziemlich gut, warum manche Personen endlos über eine Bäckerei herziehen können, die es ablehnt, Kuchen mit homosexuellen Motiven zu backen, während ihnen zu Ehrenmorden nichts einfällt. Und es erklärt, warum Megan Phelps-Roper, die das fundamentalistische Christentum verließ, allseits bejubelt wird, während Sarah Haider, die den Islam ablegte, geschmäht wird.

Es hat Konsequenzen, wenn man zu bereitwillig einem

gefährlichen, sogar rassistischen moralischen Relativismus nachgibt; wenn man zu feige ist auszusprechen, dass nicht alle Kulturen Frauen, Homosexuelle und religiöse Minderheiten gleichermaßen gut schützen; wenn man zu borniert ist, zu erkennen, dass die Täter von ideologischen und nicht von materiellen Gründen getrieben werden. Diejenigen, die schweigen, geben implizit zu verstehen, dass die Gewalt und der Antisemitismus aus dieser Quelle, in gewisser Weise berechtigt ist.

Entgegen den Behauptungen von Präsident Trump, gibt es keine Karawanen nahöstlicher Terroristen, die gerade die amerikanische Südgrenze überqueren. Und viele amerikanische Moslems bekunden, sie seien stolz darauf, Amerikaner zu sein. Obwohl sie dieser Administration, ihrer republikanischen Anhänger und den Förderern beim Fox-Sender als Zielscheibe dienen, schauen sie voller Optimismus in die Zukunft.

Dem statistischen Bundesamt liegen zwar keine gesicherten Informationen über die religiöse Identität der Amerikaner vor, nach seriösen Schätzungen dürfte es jedoch rund 3,5 Millionen moslemische Bürger im Land geben. Die meisten von ihnen (58 Prozent) sind Amerikaner der ersten Generation, die aus allen Erdteilen ausgewandert sind. Laut einer Pew-Umfrage aus dem Jahr 2017, sind etwa 92 Prozent aller Moslems stolz darauf, Amerikaner zu sein. 97 Prozent seien ebenfalls stolz darauf, dem Islam zu folgen, was dafür spricht, dass sie sich ihre besondere Identität bewahrt haben. Und vier von fünf amerikanischen Anhängern des Islam (80 Prozent) geben an, »mit ihrem alltäglichen Leben, zufrieden zu sein.«

Das bedeutet jedoch keineswegs, dass es nicht auch Gewaltverbrechen gab. 2016 schoss ein moslemischer Amerikaner, den vom Hass auf Israel getrieben war, in den

Räumen der Jewish Federation of Greater Seattle auf sechs Menschen, wobei einer von ihnen starb. 2009 wurden vier moslemische Männer verhaftet, die Bombenanschläge auf zwei Synagogen in der Bronx geplant hatten. 2016 konnte das FBI den Plan eines Konvertiten vereiteln, der eine Synagoge in Florida in die Luft sprengen wollte. Im Jahr 2018 rief der somalische Einwanderer Mohamed Abdi Mohamed antisemitische Parolen und drohte damit, die Besucher einer Synagoge in Los Angeles mit seinem Auto zu überfahren.

Die Anzahl solcher Vorfälle nimmt zu. Im Mai 2019 tauchte ein Mitschnitt einer Veranstaltung der Muslim American Society in Philadelphia auf, auf der Kinder folgende Strophen sangen: »Wir werden ihnen die Köpfe abschlagen und wir werden die kummervolle und erhabene Al-Aqsa-Moschee befreien. Wir werden die Armee Allahs anführen und sein Versprechen erfüllen, und wir werden sie der ewigen Folter unterwerfen.« Mitte Mai soll Rabab Abdulhadi, Professorin für arabische und islamische Forschung an der San Francisco State University, in einer Pflichtvorlesung gesagt haben, alle Unterstützer Israels seien weiße Rassisten. Am 16. Mai wurde Ali Kourani für schuldig befunden, für den Islamischen Dschihad der Hisbollah gearbeitet und bei der Planung und Durchführung von Anschlägen in den Vereinigten Staaten geholfen zu haben. Nach Angaben des Staatsanwalts »bestand Kouranis Auftrag darin, bei der Beschaffung von Waffen zu helfen und Informationen über potenzielle Ziele in den USA für künftige Terroranschläge der Hisbollah zu sammeln. Zu den von Kourani ausgespähten Zielen gehörten der JFK-Flughafen und Einrichtungen der Strafverfolgungsbehörden in New York City, einschließlich des Bundesgebäudes am Federal Plaza 26 in Manhattan.« Der Fall veranlasste das U.S. National Counterterrorism Center zu der beunruhigenden Einschätzung, die Hisbollah sei entschlossen »Anschläge auf unser Heimatland als Komponente ihrer Terrorstrategie aufzunehmen«. Am 19. Mai warf ein Uber-Fahrer zwei Frauen aus seinem Auto, als er erfuhr, dass sie von einer Veranstaltung zum israelischen Unabhängigkeitstag kamen. Er begründete seine Tat damit, dass er Palästinenser sei. Am 22. Mai wurde ein Zwanzigjähriger namens Jonathan Xie verhaftet, weil er der Hamas materielle Unterstützung angeboten und in einem Instagram-Video mit einer Waffe und einer Hamas-Flagge gedroht hatte, »die Pro-Israel-Demonstranten zu erschießen«.

Dieselben Verschwörungstheorien, die neunzehn Islamisten dazu veranlassten Flugzeuge zu entführen und 2977 Amerikaner zu ermorden, brachten auch Xie dazu, von seinem Haus in Jersey aus Juden zu bedrohen. Zum Glück wurde er vom FBI gefasst, bevor er wirklichen Schaden anrichten konnte. Der Behörde gelang es ebenfalls, Mustafa Mousab Alowemer, einen einundzwanzigjährigen Flüchtlnig aus dem syrischen Daraa, festzunehmen, bevor er seinen Plan, eine Kirche zu sprengen, umsetzen konnte. Alowemer gab an, im Auftrag des Islamischen Staates zu handeln.

Was das FBI hingegen nicht stoppen kann, ist die Verbreitung einer Weltanschauung, die islamistische Gewalt verharmlost oder rechtfertigt und damit letztlich auch Antisemitismus als Ausdruck legitimer politischer Missstände verharmlost oder rechtfertigt. Diese Ideologie stellt nicht nur eine Bedrohung für Juden, sondern für das gesamte Land dar. Man kann beobachten, wie sie dabei ist, in die Demokratische Partei einzusickern.

Man sah es, als Janet Napolitano, die Ministerin für Innere Sicherheit, sich im Jahr 2019 weigerte von »Terrorismus« zu sprechen und stattdessen euphemistisch von »menschenverursachten Katastrophen« sprach. Oder als Präsident Obama in einem Interview mit dem Online-Magazin *Vox* nach den Anschlägen bei *Charlie Hebdo* und im Hyper Cacher sagte: »Meine erste Aufgabe ist es, das amerikanische Volk zu schützen. Es ist völlig berechtigt, dass das amerikanische Volk zutiefst besorgt ist, wenn ein Haufen gewalttätiger, bösartiger Fanatiker Menschen enthauptet oder wahllos ein paar Leute in einem Feinkostladen in Paris erschießt.« Diese Vorfälle waren aber alles andere als zufällig. Die Mörder hatten den Supermarkt ausgewählt, weil es ein koscheres Geschäft war. Anstatt sich für den Fauxpas zu entschuldigen, setzte die Administration noch eins drauf. »Die Opfer hatten nicht alle den gleichen Hintergrund oder die gleiche Nationalität.« Tatsächlich aber war genau das der Fall, was den Pressesprecher des Weißen Hauses, Josh Earnest, aber nicht davon abhielt, gegenüber Jonathan Karl von *ABC* zu betonen, es seien schließlich nicht »nur Juden, in diesem Lebensmittelladen« gewesen. Es ist schwer, dabei nicht an die offizielle französische Reaktion auf den Mord an Ilan Halimi zu denken, die sich zumindest anfangs auch sehr bemühte, die Wahllosigkeit der Tat zu betonen. Später nahm die Obama-Regierung diese Aussagen zurück, aber noch heute höre ich, wie Juden sich selbst spöttisch das »zufällig ausgewählte Volk« nennen.

Man sah es bei John Kerry, als er 2015 auf eine Frage von Jeffrey Goldberg von *The Atlantic* über den völkermörderischen Antisemitismus des iranischen Regimes bemerkte: »Ich denke, dass sie in diesem besonderen Moment eine grundlegende ideologische Konfrontation mit Israel haben. Ob das auch zu aktiven Schritten führt, um, ich zitiere, ›es auszulöschen‹, wissen Sie...«

Klingt es nach einer Debatte über Israels Grenzen oder Siedlungen, wenn Ayatollah Ali Khamenei verkündet: »Es ist die Mission der Islamischen Republik Iran, Israel von der Landkarte der Region zu streichen«? Klingt das, was Hossein Salami, der stellvertretende Chef der Revolutionsgarde, 2014 sagte – »Heute sind wir uns bewusst, dass das zionistische Regine langsam aus der Welt verschwindet, und in der Tat wird es bald kein zionistisches Regime mehr auf dem Planeten Erde geben« – wie eine »ideologische Konfrontation«, die auf einen »besonderen Moment« beschränkt ist? Mit Sicherheit nicht. Es klingt eher nach einem Hitler des einundzwanzigsten Jahrhunderts – ein Hitler, der kurz davor ist, Atomwaffen zu bekommen.

Man sah das Einsickern von Antisemitismus, als kalifornische Progressive auf dem Landesparteitag der Demokraten eine Resolution einbrachten, in der sie Israel für das dem Massaker in Pittsburgh mitverantwortlich machten. Das Massaker, so der Resolutionsentwurf, sei »der Höhepunkt eines alarmierenden Wiederauftretens des virulenten Antisemitismus, der ein Kernelement des historischen und gegenwärtig wiederauflebenden weißen Suprematismus in den Vereinigten Staaten und auf der ganzen Welt ist.« Okay, so weit, so vernünftig. Doch dann: »Die israelische Regierung und einige ihrer US-Unterstützer genießen die Unterstützung christlich-fundamentalistischer und ultra-rechter Gruppen in den Vereinigten Staaten und im Ausland und ignorieren auf gefährliche Weise deren tief verwurzelten Antisemitismus, während sie sich mit ihrer virulenten Islamophobie gemein machen.« Eine solche Logik mag in Jeremy Corbyns Labour-Partei verbreitet sein, aber bis vor kurzem war sie in den Vereinigten Staaten vollkommen Anathema.

Kein politisches Ereignis jüngster Geschichte veranschaulicht besser, wie diese besorgniserregenden ideologischen Trends zu respektablen Ansichten geworden sind, wie die Verteidigung der inzwischen berühmten Kongressabgeordneten Ilhan Omar durch die Demokratische Partei. Omars Lebensgeschichte dürfte jeden rühren, der ein Herz hat. Die gläubige, Hidschab tragende Moslemin kam als Flüchtling aus Somalia. Sie ist eine der ersten Anhängerinnen des Islams, die in den Kongress gewählt wurden, und die erste farbige Abgeordnete Minnesotas. Kein Wunder, dass das *Time Magazine* sie auf das Titelbild setzte, dass Annie Leibovitz die Fotoaufnahmen machte und dass sie auf jeder »Women-to-watch«-Liste auftaucht.

Monatelang überschattete das Feiern ihrer Identität ihre politischen Positionen. Diese waren für alle sichtbar, aber nur wenige hatten den Mut, einen Blick zu riskieren. Deshalb schrieb ich im Januar 2019 über einige ihrer beunruhigenden Ansichten eine Kolumne in der *New York Times* mit dem Titel »Ilhan Omar und der Mythos der jüdischen Hypnose«.

Bekanntlich besitzt die Verschwörungstheorie, Juden seien hypnotisierende Verschwörer und finstere Manipulatoren, uralte Wurzeln und eine allzu blutige Geschichte. Es war kein gutes Zeichen, als Ilhan Omar, die damals als Ernährungskoordinatorin im Bildungsministerium von Minnesota tätig war, auf Twitter den folgenden Kommentar verfasste: »Israel hat die Welt hypnotisiert, möge Allah die Menschen aufwecken und ihnen helfen, die bösen Taten Israels zu erkennen. #Gaza #Palästina #Israel«. Als sie auf CNN 2019 gefragt wurde, was sie »jüdischen Amerikanern, die das zutiefst beleidigend finden« entgegnen möchte, war von ihr keine direkte und ehrliche Entschuldigung zu hören. Stattdessen kritisierte sie die Frage der

Moderatorin Poppy Harlow als »wirklich bedauerliche Art, das so auszudrücken«. »Ich weiß nicht, inwiefern meine Kommentare für jüdische Amerikaner beleidigend sein könnten«, so Omar weiter. »Meine Kommentare beziehen sich exakt auf die Geschehnisse während des Gaza-Krieges, und ich spreche unmissverständlich über die Art und Weise, wie sich das israelische Regime in diesem Krieg verhalten hat.«

Im Februar darauf kritisierte Omar Amerikas Unterstützung für Israel mit folgenden Worten: »Es geht nur um die Benjamins, Baby.«[34] Als ein Redakteur der jüdischen Zeitung *The Forward* fragte, was sie damit meine, antwortete sie: »AIPAC!« Im März hielt Omar eine Rede, in der sie 9/11 als ein Ereignis beschrieb, bei dem »irgendjemand etwas getan hatte«. Sie hielt diese Rede vor dem Council on American-Islamic Relations, einer Gruppe, die von Führern der Islamic Association for Palestine, einer mit der Hamas verbundenen antisemitischen Propagandaorganisation, gegründet wurde.

Eine kurze Zeitlang gab es Kritik von Seiten der Medien, doch schon bald wende man sich wieder dem nächsten Trump-Skandal zu. Aus ihrer Partei erhielt sie viel Unterstützung. Nachdem der Präsident ein hetzerisches Video, in dem Omar die Anschläge vom 11. September herunterspielte, teilte, nahm die Bereitschaft, sie zu verteidigen, sogar noch zu. Bernie Sanders etwa nannte sie »eine Führungspersönlichkeit mit Stärke und Mut«.

Omar ist auch weiterhin im Ausschuss für auswärtige Angelegenheiten des Repräsentantenhauses tätig. Ehema-

34 Auf der Einhundert-US-Dollar-Banknote ist Benjamin Franklin, einer der Gründerväter der Nation abgebildet.

ligen Obama-Mitarbeiter, die den äußerst beliebten Podcast *Pod Save America* moderieren, luden sie ebenso in ihre Sendung ein wie Stephen Colbert. Von den vielen Demokraten, die sich schützend vor sie stellten, bleiben etwa die Kommentare des Abgeordneten Jim Clyburn in Erinnerung. Der drittwichtigste demokratische Abgeordnete befand, Omar durchlebe gerade »eine sehr schmerzvolle Zeit«. »Ich meine das ernst. Es gibt Leute, die mir sagen: ›Nun, meine Eltern sind Überlebende des Holocaust. Meine Eltern haben das getan.‹ Bei ihr ist es viel persönlicher.«

In jeder politischen Partei sind Randfiguren zu finden, die in der Regel jedoch ausgegrenzt oder ignoriert werden. In diesem Falle schien sich jedoch etwas geändert zu haben. Anstatt sie zu tadeln oder zu ignorieren und gleichzeitig den Präsidenten für seine aggressive Fixierung auf sie zu kritisieren, verteidigte man sie lautstark und versuchte ihre Kommentare durch Erläuterungen und Kontextualisierungen abzuschwächen.

Die Tatsache, dass die mächtigsten Persönlichkeiten der Demokratischen Partei mitsamt ihren Unterstützern in den Medien beschlossen haben, dass Omar verteidigt werden muss, dass sie das politische Kapital, das man in sie investiert hat, wert ist, zeigt wohin sich die Partei bewegen könnte. Es hätte die Öffentlichkeit aus ihrem Schlaf reißen sollen. Die Demokraten haben deutlich gemacht, dass man keinen politischen Schaden nimmt, wenn man gegen Juden hetzt.

Die »Affäre Omar« war ein Ereignis mit Signalwirkung, dem viele weitere folgen werden. Man ignoriert oder entschuldigt Antisemitismus und stellt sich schützend vor diejenigen, die ihn verbreiten. Auf diese Weise beleidigt man auch Menschen wie Omar, denn man entschuldigt ihr Handeln nur deshalb, weil sie Außenseiter sind, während zentrale Aspekte der amerikanischen Kultur, die immer bereit war, Außenseiter aufzunehmen, geleugnet werden. So wie die Amerikaner früher ihre Loyalität gegenüber einem fremden König aufgeben mussten, ist die Überwindung des Antisemitismus heute eine Voraussetzung für die Anpassung an Amerika. Das Land kann ebensowenig mit Royalisten überleben, wie mit Antisemiten in Machtpositionen. Beide stehen unserer liberalen Demokratie feindlich gegenüber.

Kapitel 6

Wie man kämpft

Während der Studienzeit gehören Platons »Der Staat«, »Das Neue Testament«, Burke und Nietzsche, Virginia Woolf und »Die Seelen der Schwarzen« von W. E. B. Du Bois zur akademischen Pflichtlektüre. All diese Werke sind mir in Erinnerung geblieben. Es war jedoch ein kurzer Essay auf einer schlecht funktionierenden und lange nicht mehr aktualisierten Website, der mein Leben am stärksten prägte.

Der Artikel nannte sich »How to Fight Anti-Semitism« und stammte von einem Columbia-Absolventen aus den frühen 1990er Jahren, namens Ze'ev Maghen. Der Text war die Reaktion auf ein Ereignis, das später zu einem festen Bestandteil des Campuslebens an Eliteunis werden sollte: Die Einladung eines bekannten Antisemiten. In diesem Falle handelte es sich bei dem Redner um Leonard Jeffries, der damalige Vorsitzender der Fakultät für afroamerikanische Studien am City College von New York. Jeffries hatte u.a. Dinge von sich gegeben wie »Jeder weiß, dass reiche Juden den Sklavenhandel mitfinanziert haben«. Er war auch davon überzeugt, dass »die Juden« Hollywood kontrollierten und Teil eines umfassenden völkermörderischen Plans seien. »Das russische Judentum«, erklärte er 1991 in einer Rede auf dem Empire State Black Arts and Cultural Festival in Albany, »übte eine besondere

Kontrolle über Finanzen aus, und ihr Partner, die Mafia, errichtete ein System zur Vernichtung der Schwarzen. Das war der Plan.«

Die jüdische Gemeinschaft an der Columbia University war natürlich nicht davon begeistert, dass man einer solchen Person das Podium überlassen wollte. Dasselbe Gefühl hatte auch ich Jahre später, als meine Alma Mater den größten Saal auf dem Campus dem iranischen Präsidenten Mahmoud Ahmadinejad zur Verfügung stellte, einem Antisemiten mit beträchtlich mehr Macht als Jeffries. Zu Maghens Studienzeit organisierte die jüdische Campus-Community eine Demonstration, die sich nicht großartig von anderen mir bekannten Protesten jüdischer Organisationen unterschied. Die Demonstration war reaktiv und defensiv, die Zuschauer wurden geradezu angefleht, sich zu ihrer Menschlichkeit zu bekennen. Maghen empörte die grundlegende Schwäche dieses Ansatzes: »Wenn ein Mann dich Schwein nennt, läufst du dann mit einem Schild herum, auf dem steht, dass du wirklich keins bist? Verteilst du Flugblätter, die die zahlreichen Unterschiede zwischen dir und Schweinen auflistet?«

Wie oft schon war auch ich dieser Logik gefolgt? Wie viel Zeit hatte ich damit verschwendet, Menschen, die mich für ein Tier hielten, von meiner Menschlichkeit zu überzeugen? »Dachtest du wirklich, du könntest den Antisemitismus wegprotestieren?«, wollte Maghen wissen. »Hast du wirklich geglaubt, die Kundgebung Nummer 756423 würde plötzlich Ergebnisse liefern, die deinen Vorgängern in Amerika, Europa und anderswo verwehrt geblieben sind?«

Ja! Hatte ich! Ohne es mir einzugestehen, war ich genau davon ausgegangen. Die Tragweite meines Irrtums versetzte mir einen Schock, der mir die Augen öffnete.

Maghen schrieb weiter: »Frag dich, warum wir noch hier sind? Was ist der Schlüssel für unser einzigartiges, wehrhaftes, unvergleichbares Überleben allen Widrigkeiten und Prophezeiungen zum Trotz? Der heilige Paulus sagte voraus, wir würden ›verdorren‹, Hegel sah uns ebenfalls am Ende, für Spengler befanden wir uns bereits in der ›winterlichen Jahreszeit‹ und Toynbee nannte uns Fossilien. Die werten Herren lagen alle daneben. Welche Zutat war es also, die uns zu ›unverwüstlichen Juden‹ machte? Was ist, wie Mark Twain fragte, das Geheimnis unserer Unsterblichkeit? Es wird sicherlich niemand behaupten, dass es Appelle, Proteste und Forderungen nach Gleichbehandlungen waren, die uns viertausend Jahre durch Zeiten furchtbarer Unbeständigkeit und grausamen Verwüstungen des Exils führten und uns am Leben hielten? Nein, meine Freunde, die Geschichte erteilt uns eine andere Lektion: Nicht diejenigen, die es vorziehen zu bitten und zu schreien, ermöglichen unserem Volk das Überleben, die Rettung, eine Zukunft, sondern diejenigen, die etwas aufbauen, die im Sinne einer kulturellen und nationalen Wiederbelebung erziehen und die den Antisemitismus nicht mit jüdischem Flehen und jüdischem Händeringen begegnen, sondern mit jüdischer Weisheit, jüdischer Stärke, jüdischem Erfolg und dem Festhalten an Traditionen.«

Plötzlich sah ich all die Debatten und das Händeringen der jüdischen Gemeinschaft über den jüngsten Boykott von israelischem Hummus im örtlichen Bioladen oder die Suche nach einer geeigneten Reaktion auf die Israel Apartheidwoche[35] oder das Auftauchen eines Hakenkreuzes auf dem Campus – ein stiller Protest? eine scharf formulierte

35 Die »Israeli Apartheid Week« ist eine antizionistische Aktionswoche, die seit 2005 stattfindet und in über 100 Städten durchgeführt wird.

Pressemitteilung? eine Dialoggruppe? – nicht nur als Verschwendung unserer kostbaren Zeit, sondern als Verrat an uns selbst und dem was geboten war. Ich begann zu begreifen, dass es für Juden besser ist zu bauen und zu bejahen, als zu beschwören und zu betteln. Nicht nur strategisch, sondern auch in emotionaler, intellektueller und spiritueller Hinsicht.

»Nichtjuden respektieren Juden, die das Judentum respektieren, und sie schämen sich für Juden, die sich für das Judentum schämen«, sagte Rabbiner Jonathan Sacks und griff damit ein zentrales Motiv eines verstorbenen Lubawitscher-Rabbiners auf, der die Chabad-Bewegung mit ins Leben gerufen hatte. Was könnte anziehender sein, als selbstbewusste Menschen, die voller Stolz und Dankbarkeit auf ihr historisches Erbe und ihre Kultur blicken? Maghens Aufsatz liefert nicht die vollständige Antwort, aber er konnte meine Haltung dennoch fundamental verändern. Er brachte mich vom Niederkauern zum aufrecht Stehen, von der Verteidigung zum Angriff, vom Zweifel zum Vertrauen, von der Scham zum Stolz.

Nichts kann einen so gut daran erinnern, wer man ist, als ein Schlag in die Magengrube. Sich gegen einen Unterdrücker zur Wehr zu setzen ist gesund und natürlich. Wenn die Reaktion aber nicht über die Artikulation von Wut hinausgeht, verpasst man eine großartige Gelegenheit zu analysieren, *weshalb* man zurückschlägt und *wofür* man eigentlich kämpft.

Ich habe auf den vorangegangenen Seiten versucht, das Wesen dieses dreiköpfigen Drachens so klar wie nur möglich zu beschreiben, damit Amerikaner aller Glaubensrichtungen und Bekenntnisse ihn erkennen und sich mit ihm auseinandersetzen können. Ich hoffe, es wird deutlich, dass die »Wie man kämpft«-Struktur des folgenden Kapitels logisch aus dem »Wie man kämpft«-Geist des Buches folgt. Ich wende mich in diesem schwierigen Moment an andere Juden, um über Lasten und Verpflichtungen, über amerikanischen und jüdischen Stolz, den ich empfinde, zu sprechen. Ich hoffe, dass meine Leser in meinen Worten einen Aufruf hören, der sich an sie richtet.

Die jüdische Geschichte war zu keinem einzigen Zeitpunkt frei von Menschen, die die Absicht hatten, Juden und Judentum auszulöschen. Es war aber nicht der Anti-Antisemitismus, der es Juden ermöglichte, ihre großartige Zivilisation zu erhalten. Vielmehr gelang ihnen dies, weil sie wussten, wer sie sind und warum sie existierten. Das Feuer, das sie antrieb, kam nicht von außen, sondern aus ihren Seelen.

Wir führen auch heute einen bejahenden Kampf für das, was wir sind. Wir kämpfen für unsere Vorfahren, für unsere Familien, für unsere Gemeinschaften und für die Generationen, die nach uns kommen werden.

So wie es einen dreiköpfigen Drachen gibt – die extreme Rechte, die extreme Linke und den radikalen Islam –, glaube ich, dass es drei grundlegende Fragen gibt, die sich im Vorfeld des Kampfes stellen. Wie stehen wir zu unseren Freunden? Wie stehen wir zu unseren Feinden? Und am wichtigsten: Wie stehen wir zu uns selbst?

Der Kampf beginnt mit einer Reihe von Forderungen, die ich versucht habe in diesem Buch zu beherzigen:

Sag die Wahrheit

Was allzu einfach klingt, dürfte die am schwersten zu befolgende Regel sein. Manchmal ist die Realität so schmerzhaft, darf wir es vorziehen uns selbst zu belügen.

Eine unbequeme Wahrheit ist zum Beispiel, dass sich Juden in Polen und Ungarn, wo faschistische Regierungen einen ethnischen Nationalismus fördern, gegenwärtig weitaus sicherer fühlen (mit einer Marge von 20 Prozentpunkten) als Juden in Deutschland oder Frankreich, also Ländern, die große Mengen von Flüchtlingen und Migranten aufgenommen haben. Diese Tatsache verletzt, woran amerikanische Juden angesichts der jüngsten europäischen Geschichte mit religiöser Inbrunst zu glauben pflegen: Ethnischer Nationalismus ist eine große Gefahr und liberale Demokratien beschützen uns.

Aufgrund der Geschichte gehe ich jedoch davon aus, dass der Status Quo für die polnischen und ungarischen Juden nicht von Dauer sein wird. Politische Systeme, die von den Launen eines einzelnen Mannes abhängen, können sie nicht beschützen.

Wie Francis Kalifat, Präsident der französischen jüdischen Gemeindeorganisation CRIF[36], gegenüber dem *Wall Street Journal* erklärte: »Das beste Bollwerk gegen Islamisten ist nicht die extreme Rechte, sondern die Demokratie.«

Ich bin davon überzeugt, dass die Lösung nicht darin bestehen kann, dass wir uns von den Werten, die uns immer gerettet haben – Rechtsstaatlichkeit, Toleranz gegenüber

36 Der Conseil représentatif des institutions juives de France (CRIF) ist der Dachverband jüdischer Organisationen Frankreichs. (A.d.Ü.)

Unterschieden, eine gemeinsame bürgerliche Kultur – abwenden. Ich habe aber auch keine Antwort auf das vertrackte Problem der kulturellen Balkanisierung in Europa. Um einen sicheren Weg durch dieses Gelände zu finden, ist es wichtig, dass wir zueinander ehrlich sind.

Vertraue deinem Unbehagen

Uns Juden hängt der Ruf an, ängstlich und hysterisch zu sein, aber von Larry David mal abgesehen, sind die meisten von uns darum bemüht, das Unbehagen, das wir empfinden, herunterzuspielen. Wir setzen eine gute Miene auf, mischen uns unter unsere Nachbarn und bemühen uns, nicht als Opfer angesehen zu werden.

Eine einfache Regel lautet: Warte nicht. Wenn eine Organisation, die du unterstützt, gemeinsame Sache mit Louis Farrakhan macht, suche nicht nach Wegen, dies zu rechtfertigen. Es handelt sich dabei immerhin um einen Mann, der bekannte: »Die Juden mögen Farrakhan nicht und deshalb nennen sie mich ›Hitler‹. Nun, das ist ein guter Name. Hitler war ein sehr bedeutender Mann.« Wenn ein Politiker, von dem du dachtest, er vertrete deine Werte, sagt, Israel gehöre zu den verbrecherischsten Staaten weltweit, dann weißt du alles, was du über diese Person wissen musst.

Als die Studentenunion der Universität Cambridge im Juni dieses Jahres den malaysischen Premierminister empfing, einen stolzen Antisemiten und Holocaust-Leugner, der Juden als »hakennasig« bezeichnet, erklärte er den Zuhörern: »Ich habe einige jüdische Freunde, sehr gute Freunde. Sie sind meine Freunde, weil sie nicht wie die anderen Juden sind.« Diese abscheuliche Bemerkung führte nicht etwa dazu, dass Zuhörer den Saal in Scharen verließen. Sie wurde vielmehr von den Anwesenden, die zu den gebildetsten Menschen des Planeten gehören, mit Gelächter belohnt. Ich gestehe, dass ich die Aufnahmen mehrmals anschauen musste, um mich zu vergewissern, dass ich mich auch nicht verhört hatte. Auch wenn es äußerst schmerzvoll war, so hatten meine Augen und Ohren mich nicht getäuscht. Und auch du kannst dich auf deine Sinne verlassen.

Auch wenn es dir schwerfällt: Nenn es beim Namen

Wir nehmen es mit Erleichterung zur Kenntnis, wenn unser Angreifer ein Rechter ist. In den Kreisen, in denen sich amerikanische Juden bewegen, kostet es nichts, Politiker wie Steve King zu kritisieren. Mit Ilhan Omar verhält es sich hingegen anders, da sie selbst zur Zielscheibe von Rassisten und Verrückten und aufgrund ihres Glaubens, ihres Geschlechts und ihrer Hautfarbe angegriffen wurde.

Zwei Dinge, die gleichzeitig zutreffend sein können: Ilhan Omar kann rassistische Ideen vertreten und gleichzeitig das Hassobjekt von Fanatikern sein. Das schließt den Präsidenten der Vereinigten Staaten ein.

Doch viele Menschen scheinen außerstande zu sein, diese beiden Wahrheiten gleichzeitig in ihren Kopf zu bekommen. Es kann sein, dass man dich hysterisch oder überempfindlich nennt, wenn du Omars Antisemitismus kritisiert. Wahrscheinlich wird man dich einen weißen Rassisten nennen, einen weißen Herrenmenschen oder einen Faschisten, der durch sein Handeln das Leben einer Minderheit in Gefahr bringt. Aber das ist nur eine Taktik, um Menschen, die gefährliche Ideen verbreiten, Narrenfreiheit zu verschaffen.

Niemand möchte auf diese Art beschimpft werden. Und niemand möchte eine Dinnerparty ruinieren, Freunde verlieren oder als engstirnig erscheinen. Ich erlebe immer wieder, wie Menschen, die mir nahestehen es vorziehen, den Mund zu halten und hoffen, dass jemand das Thema wechselt. In den Worten meines Freundes David Samuels: Amerikanische Juden sind stets darum bemüht, die richtige Art von Opfer zu sein – d. h. Opfer der bösen Menschen auf der rechten Seite und nicht der guten Menschen auf der linken Seite. Das führt dazu, dass sich unter zu vielen progressiven Juden eine Verschwörung des Schweigens breit macht. Empörung ist zunehmend der Privatsphäre und der Sicherheit unserer eigenen Häuser vorbehalten.

Diese Taktik wird die Ausbreitung des Antisemitismus nicht stoppen, sondern sie eher beschleunigen. Nenn die Dinge also nüchtern und verantwortungsvoll beim Namen. Kritisiere bestimmte Ideen, nicht Identitäten. Dein Leben wird dadurch vermutlich um einiges unbequemer werden, aber warum sollte es wichtiger sein, ein witziger Gast auf der Dinnerparty zu sein, als sich für die Wahrheit einzusetzen?

Mach den Kippah- oder Davidstern-Test

In den ersten drei Jahrzehnten meines Lebens trug ich nie Ketten mit Davidsternanhänger. Der erschien mir immer überflüssig. Seit dem Anschlag in Pittsburgh trage ich das jüdische Symbol jedoch regelmäßig, vor allem an öffentlichen Orten und wenn ich weiß, dass ich die einzige Jüdin im Raum sein werde. Diese Art, meinen Stolz zu zeigen, ist mir sehr wichtig geworden. Die Menschen sollen sehen, dass ich keine Angst habe.

Nach dieser Maxime handelte auch Mitchell Leshchiner in diesem Frühjahr anlässlich seiner Abschlussfeier an der Vernon Hills High School im Bundestaat Illinois. Für Leshchiner, der früher nie Kippa trug, stellte der Anschlag auf die Synagoge in Poway einen Einschnitt dar: »Es war mir wichtig ein Zeichen zu setzen, zu zeigen, dass wir immer noch hier sind, und dass wir, was immer auch passieren wird, hier sein werden.«

Als ich anfing das Land zu bereisen, um Vorträge zu halten und mit Menschen darüber zu sprechen, wie auf diese Verhältnisse zu reagieren sei, forderte ich andere dazu auf, diesem Beispiel zu folgen. Der einzige Weg, den Antisemitismus zu bekämpfen, so drängte ich nach dem Anschlag in Pittsburgh, bestehe darin, der Angst niemals nachzugeben.

Aber ich muss gestehen, dass mir diese vollmundigen Ratschläge in letzter Zeit zu simpel erscheinen, zu ignorant gegenüber den unterschiedlichen Lebensrealitäten, in denen sich Juden befinden. Mein Freund Jamie und sein Partner wurden auf dem Weg zu einer Hochzeit in Berlin angespuckt, weil sie eine Kippa trugen. Wäre es besser gewesen, wenn sie an diesem Tag ohne diese Kopfbedeckung unterwegs gewesen wären? Oder hat diese Erfahrung die beiden stärker gemacht? Ich bin keine Mutter, aber wenn ich Eltern frage, ob sie ihrem Kind erlauben würden, ein solches Risiko einzugehen, geht der Schutz des Kindes immer vor.

Du kennst dein soziales Umfeld besser als ich. In Pittsburgh oder New York würde ich nie zögern, einen Davidstern zu tragen. Ich hoffe, dass ich das auch in Paris oder

Berlin tun würde, aber ich bin mir nicht sicher. Es gibt ein paar außergewöhnliche Menschen, die immer bereit sind, sich der Bedrohung entgegenzustellen. Menschen wie der verstorbene Dr. Jerry Rabinowitz aus Pittsburgh oder auch Almog Peretz, ein Veteran der israelischen Streitkräfte, der in die Poway-Synagoge rannte, um Kinder zu retten, und sich dabei eine Schussverletzung im Bein zuzog. Oder auch Menschen wie Oscar Stewart, der den Mörder zu Fuß verfolgte. Aber die wenigsten Menschen sind so veranlagt.

Mein Ratschlag an dich lautet also: Stell dir die Frage, ob deine Nachbarschaft den Kippah-Test besteht. Wenn du dich dort mit Kippa oder einen Anhänger mit Davidstern unwohl fühlst, solltest du nach Wegen suchen, dein Viertel zu verbessern oder aber es zu verlassen.

Über die Hälfte (55 Prozent) der französischen Juden zog letztes Jahr in Erwägung auszuwandern. Das ist kaum verwunderlich. Es ist ein schlechtes Zeichen, dass viele von ihnen aus den eher ländlichen Städten und Dörfer in die paar Pariser Viertel ziehen, in denen Juden noch sicher leben können. Sie nennen es »internes Exil«. Inzwischen sagen laut einer Umfrage des *Jewish Chronicle* auch fast 40 Prozent der britischen Juden, dass sie »ernsthaft in Erwägung ziehen«, auszuwandern, sollte Jeremy Corbyn jemals Premierminister werden.

Lebst du in einer Nachbarschaft, in der du dein Jüdischsein ausleben kannst?

Und wenn man dich doch einmal anspuckt oder beschimpft, dann vergiss nicht, dass du in der Tradition von Menschen stehst, die für das Gute und Wahre einstanden und deshalb immer von anderen gedemütigt wurden. Die Zeit wird kommen in der man die Beschämten als Helden ansehen wird.

Vertrau niemandem, der Juden spalten möchte. Selbst wenn es sich dabei um Juden handelt

Wir wissen, dass die Welt immer wieder versucht hat, die »guten« von den »schlechten« Juden zu trennen. Manche werden überrascht zu Kenntnis nehmen, dass auch Juden dies immer wieder versucht haben.

Menelaos, ein Hohepriester, der in der Makkabäer-Zeit während der Herrschaft der Griechen im Tempel angestellt war. Andere Hohepriester hatten versucht, die Griechen mit Geld zu bestechen, aber Menelaos ging einen entscheidenden Schritt weiter. Er errichtete Statuen von Zeus im Tempel und überzeugte Antiochus, die Juden zur Hellenisierung ihrer Rituale zu zwingen.

Otto Weininger, ein deutsch-jüdischer Philosoph, der zum Christentum konvertierte und dessen Bezeichnung des Judentums als »extreme Feigheit« und »Weiblichkeit« später von den Nazis aufgegriffen wurde.

Stella Kübler, eine arisch aussehende deutsche Jüdin, die mit der Gestapo zusammenarbeitete und als »Greiferin« Berliner Juden, die sich als Arier ausgaben, entlarvte.

Es gab immer wieder Gründe und Motive für Juden, sich gegenseitig zu verraten. Oft taten sie es in Zeiten mördersicher Gewalt, in der Hoffnung, sich und andere durch Kollaboration zu retten. Bei manchen war Feigheit das Motiv, aber letztlich wurde dadurch bloß die Sicherheit aller Juden untergraben. Jeder, der sich heute an diesem hässlichen Werk beteiligt – ich denke dabei etwa an die kleine Gruppe antizionistischer Juden, die der Meinung ist, nur solche Juden, die den Staat Israel ablehnen seien authentisch – hilft die guten von den »satanischen« Juden zu trennen. Ganz im Sinne Farrakhans.

Schließe nicht aus, dass die Dinge sich ändern können

Als Hugo Black für den Obersten Gerichtshof nominiert wurde, enthüllte die *Pittsburgh Post-Gazette* seine frühere Mitgliedschaft beim Ku Klux Klan. Black verschlimmerte die Sache noch, als er Dinge wie »Unter meinen Freunden befinden sich viele Angehörige der farbigen Rasse« und »Einige meiner besten und engsten Freunde sind Katholiken und Juden« von sich gab.

Dass eine der mächtigsten Personen des Landes eine solche Vergangenheit haben könnte, wurde als Skandal aufgefasst. Doch Black wurde später zu einem der bedeutendsten Richter des 20. Jahrhunderts, eine wichtige Säule des Warren Courts[37] und ein Verteidiger des Brown v. Board of Education Urteils.[38] Menschen können sich ändern.

Auch Derek Black, Patensohn von David Duke und leiblicher Sohn des Gründers von Stormfront, der ersten populären Website für weiße Rassisten, kommt mir dabei in den Sinn. Black, der früher ein aufsteigender Stern in dieser Bewegung war, bekämpft sie heute.

Vor allem aber muss ich dabei an Mohammed Dajani denken, dessen Lebensgeschichte zeigt, dass wir nicht durch die Umstände unserer Geburt verdammt sind. Dajani kam 1946 in Jerusalem zur Welt. Wie er David Horovitz von der *Times of Israel* gegenüber berichtete, schimpfte seine Großmutter bei jedem Streit, den er mit

37 In die Zeit, in der Earl Warrens (1891–1974) den Vorsitz über das Oberste Gericht der USA hatte, wurden zahlreiche liberale Reformen verabschiedet. (A.d.Ü.)

38 Brown v. Education ist die Bezeichnung für eine Reihe von Gerichtsfällen zum Thema Rassentrennung an öffentlichen Schulen Amerikas in den Jahren 1952 bis 1954.

seinem Bruder hatte: »Verdammt seien die Juden. Es ist die Schuld der Juden, dass diese beiden Kinder sich streiten.« Er war politisch radikal und ein überzeugter Antisemit, der bei der Fatah Karriere machte.

Der Wendepunkt kam, wie so oft, während eines Aufenthaltes in einem Krankenhaus. In Israel sind Krankenhäuser wie das Jerusalmer Hadassah Ein Kerem Inseln der Koexistenz zwischen Israelis und Palästinensern, und genau dort wurde Dajanis Vater aufgrund einer Krebserkrankung behandelt. »Ich war schockiert, als ich feststellte, dass die Ärzte und Krankenschwestern ihn wie einen Patienten behandelten«, erzählte er Horovitz. Diese Herzlichkeit zu sehen, so erinnerte er sich später, »hat meine Menschlichkeit geweckt. So fing es bei mir an.«

Letztlich führte dieses Erwachen dazu, dass er 2014 die erste Reise palästinensischer Studenten nach Auschwitz organisierte. Der Ausflug zerstörte seine Karriere: Er verlor seine Professur an der Al-Quds Universität, wurde als Kollaborateur verleumdet und erhielt Todesdrohungen. Tausende von Büchern, die Dajani der Universität gespendet hatte, wurden weggeworfen. »Mich kümmert nicht, wer nach mir kommt«, sagt er. »Ich glaube, dass die Botschaft wichtiger ist. Nimm sie auf und steh zu ihr.« Veränderung ist immer möglich, es ist nie zu spät. Noch keine Geschichte ist zu Ende erzählt.

Erkenne deine Feinde, aber mehr noch deine Freunde

In der Öffentlichkeit angegriffen zu werden, ist schmerzhaft. Ganz besonders, wenn Menschen, die man für Freunde hielt, sich beteiligen oder stumm am Rande stehen, weil sie sich nicht trauen, ihre Meinung zu sagen. Was womöglich noch schlimmer ist als die Beschimpfungen, ist das Schweigen vermeintlicher Verbündeter.

Aber, ich verspreche dir, dass tausend Stimmen, die dich verurteilen – selbst zehntausend – übertönt werden, wenn eine einzige, von dir bewunderte Person, dir sagt, dass du mutig bist, dass du das Richtige tust und, dass du sie inspiriert hast, es dir nachzutun. Achte darauf, dass du genau auf diese Stimme hörst, die aus dem grölenden Mob herausragt. Sei eine solche Stimme für andere.

Folge dem Pittsburgh-Prinzip

Es mag seltsam klingen, aber die Resonanz auf die Anschläge in Pittsburgh hat mir die Hoffnung gegeben, dass wir in unserem Kampf nicht mehr allein sind. Danny Schiff, einer meiner Rabbiner, meinte, die Ereignisse in Pittsburgh würden sich auf den ersten Blick in die Geschichte der Pogrome, denen unser Volk immer wieder zum Opfer fiel, einreihen. Aber schau genauer hin.

Als die Nazis am 9. November 1938 in der Reichspogromnacht Hunderte von Synagogen in ganz Deutschland in Brand steckten, nahmen gewöhnliche Deutsche an den Ausschreitungen teil oder kamen zusammen, um sich die Brände anzusehen. In Pittsburgh fand das Gegenteil statt. Die gesamte Gemeinschaft – moslemische Führer, christliche Führer, Politiker, Regierungsvertreter, Polizeibehörden, Unternehmen, sogar unsere Sportmannschaften – stand auf und sagte Nein. Wir werden das nicht unterstützen.

Allzu häufig haben sich Behörden und die breite Bevölkerung an Angriffen auf das jüdische Volk beteiligt. In manchen Teilen Europas ist das bis heute der Fall. Zu viele nichtjüdische Europäer nehmen einen Angriff auf Juden weiterhin nicht als einen Angriff auf sie selbst wahr. (Erinnert sei an den Fehltritt von Raymond Barre, der die Ermordung von Juden von derjenigen »unschuldiger Franzosen« unterschied.)

Das ist es, was Amerika so besonders macht. Nichtjüdische Amerikaner verstehen, dass ein Angriff auf die jüdische Gemeinschaft auch ein Angriff auf sie selbst ist. In den Worten Wadi Mohameds, dem damaligen Leiter des Islamischen Zentrums von Pittsburgh: »Verleumdungen gegenüber der jüdischen Gemeinschaft sind Gift. Sie sind Gift für unsere Demokratie, sie sind Gift für unser Land, sie sind schlecht für alle, auch über unsere Community hinaus.«

Mohameds Unterstützung – ganz zu schweigen von derjenigen der Pittsburgh Steelers, von denen zahlreiche Mitglieder zur Beerdigung von Cecil und David Rosenthal kamen und deren ehemaliger Defensive Lineman Brett Keisel als Sargträger half – war nicht bloß ein Gefallen, den man uns erwies, sondern die Nachbarschaft, die zusammenkam, um ihre gemeinsamen Werte zu verteidigen.

Man sollte diesen Bruch mit der bisherigen Geschichte nicht unterschätzen. Wie es Rabbi Schiff in der *Washington Post* ausdrückte: »Diese atemberaubende und zutiefst bewegende Realität ist in der jüdischen Erfahrung praktisch beispiellos. (…) Sie macht eine Neubewertung des klassischen antisemitischen Narrativs nötig. In nicht allzu ferner Vergangenheit standen Juden dem Bösen im Wesentlichen allein gegenüber. Heute steht das Böse, mit dem Juden sich in den Vereinigten Staaten konfrontiert sehen, einem Ozean des Guten gegenüber.«

Pittsburgh kann nicht nur dem Land, sondern auch der restlichen Diaspora ein Vorbild sein. Entscheidend ist, dass hier nicht die Juden auf dem Prüfstand stehen, sondern die Nachbarschaft, in der sie leben. Wie Jonathan Rosen, einer meiner Mentoren 2001 in der *New York Times* schrieb: »Als die Juden Europas im Holocaust ermordet wurden, hätte man zum Schluss kommen können, das europäische Judentum wäre daran gescheitert, sich zu verteidigen, das Böse rechtzeitig zu erkennen, sich der Umwelt anzupassen, rechtzeitig zu fliehen. Aber man könnte ebenso zu dem Schluss kommen, dass das christliche Europa versagt hatte, die Existenz von Juden zu akzeptieren, und dass seine Kultur seither und für alle Zeiten von diesem Schandfleck gezeichnet ist. Israel ist ein Prüfstein für seine Nachbarn, wie seine Nachbarn ein Prüfstein für Israel sind. Wenn das israelische Experiment scheitert, dann ist auch der Islam und die christliche Kultur, die in diesem Teil der Region eine prägende Rolle spielt, gescheitert.«

Wer wird den Test bestehen?

Lobe diejenigen, die das Richtige tun

Im Mai bezeichnete der Deutsche Bundestag das »Argumentationsmuster und die Methoden von BDS« als antisemitisch. Mehr noch, sie würden »eindeutig an die antijüdischen Boykotte der Nazi-Zeit erinnern«. Dies war ein ehrenhaftes Bekenntnis, das, so schien es mir zumindest, weitgehend unbemerkt blieb.

Hast du bereits von der »Kreuzberger Initiative gegen Antisemitismus« gehört? Ich muss zu meiner Schande gestehen, dass ich diese Organisation erst kennenlernte, als ich mit der Arbeit an diesem Buch begann. Die Initiative setzt sich für die Bekämpfung von Antisemitismus ein, vor allem in den islamischen Communities. Dass sie von einer

Gruppe von Moslems gegründet wurde, macht sie umso bemerkenswerter. Nicht weniger beeindruckend sind Helden wie die bekannte britische Fernsehmoderatorin Rachel Riley, die ihre Plattform nutzt, um den Antisemitismus der Labour-Partei schonungslos aufzudecken. Und dann gibt es noch mutige Whistleblower wie Louise Withers Green und Sam Matthews.

Rabbiner sollten überall im Land das Heldentum dieser Menschen und Gruppen predigen. Wir sollten es anderen leichter machen, das Richtige zu tun.

Gleichzeitig müssen wir auch den Antisemitismus auf unserer Seite bekämpfen

In ihrer Rosh-Hashana-Predigt hatte die brillante Rabbinerin Warnick Buchdahl der Central Synagogue von Manhattan folgendes über den Aufstieg des Antisemitismus zu sagen: »Sei ehrlich. Warst du mehr darüber empört, dass Tamika Mallory sich weigerte, Farrakhan zu verurteilen, oder aber, dass Trump nicht in der Lage war, die weißen Rassisten nach Charlottesville ohne Wenn und Aber zu verurteilen? Nimmst du eine Seite in Schutz?«

»Um diesen Kampf konsequent zu führen«, so sprach sie weiter, »müssen wir auch bereit sein, den Antisemitismus auf unserer Seite zu verurteilen.« »Es ist leicht sich einzureden, der Antisemitismus auf ›unserer Seite‹, sei nur eine Randerscheinung, oder er würde durch wichtigere ideologische Bündnisse aufgewogen. Aber wir müssen gegenüber dem Antisemitismus unserer politischen Verbündeten genauso intolerant sein, wie gegenüber dem unserer Feinde.«

Das ist genau das, was meine Freundinnen Carly Pildis,

eine langjährige progressive Organisatorin, und Amanda Berman, Leiterin einer progressiven zionistischen Organisation namens Zioness, beispielhaft getan haben. Nachdem der Dyke March 2019 in Washington, D.C. ein Verbot jüdischer Pride-Flaggen beschlossen hatte, tauchten die beiden mit einer Gruppe von Verbündeten auf, um queere jüdische Frauen, die unter ihren eigenen Fahnen marschieren wollten, dabei zu unterstützen. Ich sah mir die Sache aus der Entfernung an und hielt die Intervention zunächst für zwecklos. Aber ihre Anwesenheit führte zum Erfolg: Die Ordner erlaubten den jüdischen Frauen mit ihren Fahnen schließlich an der Veranstaltung teilzunehmen.

Man kann zwei Lektionen aus ihrer Erfahrung ziehen. Lektion ein: Wer anwesend ist, hat Macht. »Die Leute, die sich über die Bigotterie der Linken beschweren und denken, dass sich schon andere darum kümmern werden, sind entweder faul oder können das große Ganze nicht erkennen«, schrieb Berman an mich. »Es gibt eine konzertierte Anstrengung, uns Juden aus diesen Orten zu verdrängen, um anschließend darauf hinzuweisen, dass wir uns nicht blicken lassen. Wir müssen dort sein. Wir waren immer schon dort. Und jetzt ist nicht die Zeit zu hoffen, dass jemand anderes unsere Gemeinschaft repräsentieren wird.«

Lektion zwei: Wer die Sprache des Umfeldes beherrscht, hat Macht. »Wir waren nicht dort, um über israelische Politik zu debattieren oder eine Abhandlung über den Zionismus zu halten«, teilte mir Pildis mit. »Wir waren dort, weil stolze queere jüdische Frauen uns um Unterstützung gebeten hatten. Und genau das haben wir getan.« Durch ihre Teilnahme gaben sie den Organisatorinnen der Demonstration die Möglichkeit, das Richtige zu tun. Kritische Tweets hätten das nicht erreicht.

Mehrere Frauen kamen zu Pildis und Berman und sagten:

»Ich bin Jüdin. Ich war auf eurer Seite, aber ich hatte zu viel Angst, um zu euch zu kommen. Vielen Dank.« Pildis bezeichnete dies später als die erfreulichste Erfahrung, die sie gemacht hat. Es war ein Satz, der früher auch von ihr hätte stammen können. In einem Essay für *Tablet* schrieb sie: »Die längste Zeit meines Lebens habe ich Antisemitismus im Dienste einer Sache, die mir am Herzen lag, einfach hingenommen. Ich wischte es beiseite, schluckte meine Wut runter und marschierte weiter für Freiheit, Gerechtigkeit und Gleichheit. Das war ein katastrophaler Fehler, den so viele von uns gemacht haben. Ich werde ihn nicht mehr machen: Wenn wir die steigende Flut des Antisemitismus um uns herum ignorieren, werden wir alle ertrinken.« Lasst uns ihrem Beispiel folgen.

Erwarte Solidarität

Felix Klein, der Antisemitimusbeauftragte der Bundesregierung, schrieb, er könne aufgrund der routinemäßigen Gewalt gegen Juden (oder auch Menschen, die Hebräisch sprechen), niemandem empfehlen, überall und zu jeder Zeit Kippa zu tragen. Das war eine der bedrückendsten Nachrichten der letzten Zeit. Felix Klein wollte vermutlich nur die jüdischen Bürger des Landes schützen, aber der Impuls war falsch. Ausgerechnet die populäre Boulevardzeitung *Bild* machte es richtig. Sie druckte eine Kippa zum Ausschneiden auf die Titelseiten. Der Chefredakteur schrieb: »Tragt sie, damit eure Freunde und Nachbarn sie sehen können.«

Als Franzosen nach den Terroranschlägen 2015 erklärten »Je suis Charlie« oder »Je suis Juif«, handelten sie nach der gleichen Maxime. Für Bernard-Henri Lévy war dies »ein Grund für wahre Hoffnung, die wir schon fast aufgegeben hatten«.

Europa ist sehr gut darin, Denkmäler für tote Juden zu errichten, es muss nur noch lernen, die Lebenden zu schützen. Mahnwachen ehren die Toten, aber sie tun nicht viel für die Lebenden. Solidarität schon.

Hör auf, dir die Schuld zu geben

Viele Juden scheinen auf nahezu theologische Art davon überzeugt zu sein, der Antisemitismus sei irgendwie ihre Schuld. Vielleicht glauben sie das, weil die Welt ihnen das so lange eingetrichtert hat.

Nehmen wir zum Beispiel die Verbreitung des Antizionismus. Manche glauben, Menschen würden ihre Ansicht, der Staat Israel habe kein Existenzrecht, aufgeben, sobald Benjamin Netanjahu nicht mehr Ministerpräsident ist. Andere wiederum argumentieren, der Antizionismus würde exponentiell wachsen, sollte das Land einen anderen Staatschef bekommen. Beide Ideen sind so absurd, wie die Vorstellung jüdischer Ritualmorde.

Vernünftige Menschen werfen Vergewaltigungsopfern nicht ihre Kleiderwahl vor. Vernünftige Menschen geben Homosexuellen keine Mitschuld an homophoben Beleidigungen. Vernünftige Menschen machen Juden nicht für Antisemitismus verantwortlich. Um einen klaren Begriff von Antisemitismus zu bekommen, müssen Juden aufhören, sich selbst anzuklagen. Wie Ze'ev Maghen vor vielen Jahren einmal sagte, sollten wir uns nicht dazu herablassen, unsere Feinde um die Bestätigung zu bitten, dass wir in Wirklichkeit keine Schweine sind. Und dafür müssen zuerst wir davon überzeugt sein, keine zu sein.

Entscheide dich für das Leben

Heutzutage ist das Festhalten an zentralen jüdischen Werten keine Abstraktion mehr. Manche besuchen Kurse in Selbstverteidigung oder lernen in Seminaren, wie man sich in einer Schießerei verhält. Andere sammeln Geld für eine Überprüfung des Sicherheitskonzepts der Gemeinde. Als Heranwachsende musste ich mir nie über meine Sicherheit Gedanken machen, wenn ich eine Synagoge, ein jüdisches Gemeindezentrum oder ein jüdisches Museum besuchte. Wenn ich jetzt einen dieser Orte betrete, fühlt es sich an, als wäre ich an einem Flughafen. (Andererseits fühlte sich vor dem 11. September 2001 der Besuch eines Flughafens auch nicht immer wie der Besuch eines Flughafens an. Außer, wenn man nach Israel flog.)

Anfang des Jahres hatte der jüdische Kindergarten, die der Sohn von Freunden besuchte, einen unbewaffneten Wachmann vor der Tür. Am Morgen nach Pittsburgh wurde er durch einen bewaffneten Posten ergänzt und nach Poway kam ein dritter hinzu, der jeden Morgen auf dem Bürgersteig vor der Schule aufpasst.

Jeder, der schon einmal eine Synagoge in London oder Paris oder in einem lateinamerikanischen Land besucht hat, weiß, dass unsere Synagogen im Vergleich dazu immer noch für die Öffentlichkeit zugänglich sind. Wie Angela Merkel über Deutschland gesagt hat: »Es gibt bis heute keine einzige Synagoge, keine einzige Kindertagesstätte für jüdische Kinder, keine einzige Schule für jüdische Kinder, die nicht von deutschen Polizisten bewacht werden muss.«

Jüdisches Leben zu schützen ist die Aufgabe des FBI und der Polizei, aber wir können helfen, die Lücken zu schließen. Von der Gemeinde geleitete Sicherheitsorganisationen wie der Community Security Trust in England oder der Jewish Community Protection Service in Frankreich haben eine Gruppe von Amerikanern dazu inspiriert, den Community Security Service (CSS) zu gründen. Diese Organisation, die ausschließlich aus Freiwilligen besteht, unterrichtet Mitglieder jüdischer Gemeinden im Aufbau von Sicherheitsmaßnahmen auf höchstem Niveau. Der CSS hat bereits mehr als fünftausend Juden im ganzen Land ausgebildet. Immer häufiger begegne ich seinen Mitarbeitern bei Gemeindeveranstaltungen.

»Es ist bedauerlich, dass wir in einer Zeit leben, in der das notwendig ist«, sagte mir Daniel Zaffran, ein freiwilliger Mitarbeiter des CSS. »Wir wollen keine Panik schüren oder sagen, dass keine Hoffnung mehr besteht. Ich glaube immer noch, dass Amerika anders ist. Wir haben eine andere Geschichte. Die Belastung ist groß, aber wir haben Vertrauen in die Regierung und unsere Nachbarn, und das unterscheidet uns von den meisten anderen Ländern.«

Nichtsdestotrotz müssen wir wachsam sein. Wenn sich unser Sicherheitsgefühl verschlechtert, sollten wir uns nicht scheuen effektiven Schutz zu fordern.

Verlange nicht von dir, was du nicht auch von einer anderen Minderheit verlangen würdest

Kürzlich war ich bei einem jüdischen Treffen in Berkeley, wo eine Frau mittleren Alters meinen Tischnachbarn und mir von ihrem Urlaub berichtete. Sie schwärmte von der unglaublichen Vielfalt der Menschen, der sie dort begegnet war: Transgender-Personen, Schwarze, Latinos usw.

Aber eine Sache sei ihr ein wenig unangenehm gewesen, sagte sie nach einer Weile. Einer der Miturlauber berichtete, die Rothschilds würden die Regierung kontrollieren. Jeder solle die »Protokolle der Weisen von Zion« lesen.

Was für ein tragischer Irrsinn. Welche andere Gruppe von Menschen würde eine derart unkultivierte Bigotterie erleben und nicht diese in den Mittelpunkt eines Gesprächs stellen, sondern die heilige Identität des Bigotten?

Würdest du erwarten, dass Schwule an eine Universität spenden würden, die dafür bekannt ist, dass an ihr offen homophobe Professoren angestellt sind? Würdest du von schwarzen Wohltätern erwarten, dass sie an ein Museum spenden, in dem regelmäßig Ausstellungen gezeigt werden, die Schwarze herabwürdigen?

Investiere deine Zeit und dein Geld nicht in Projekte, Institutionen, gemeinnützige Organisationen oder Universitäten, die Antisemitismus verteidigen. Kann eine Schule wirklich über Prestige verfügen, wenn sie sich gegen dich richtet und den Pluralismus, der es Juden einst ermöglichte zu prosperieren, ablehnt? Die Frage beantwortet sich von selbst.

Widersetze dich der hierarchischen Identitätspolitik

Die Identitätspolitik der Rechten – die Olympiade der Reinheit – sagt den Juden, sie können niemals weiß oder christlich genug sein. Die Identitätspolitik der Linken – die Olympiade der Viktimisierung – sagt den Juden, sie können niemals unterdrückt genug sein. Laut diesen manichäischen Weltbildern sind Juden entweder nicht weiß genug oder allzu weiß. In beiden Fällen behandelt man sie als Feinde »des Volkes«.

Meistens besteht der einzige Weg, sich aus dieser Klemme zu befreien darin, dass der Jude seine Sünden bekennt und einen Teil seiner selbst verleugnet. Aber eine politische Bewegung oder Partei, die uns zwingt, diese Entscheidung zu treffen – einen Teil unserer Identität aufzugeben –, ist es nicht wert, ihr beizutreten.

Wir sollten uns auf keinen Deal einlassen, der verlangt, dass wir uns selbst auslöschen. Wenn wir das tun, nehmen wir an unserer Selbstzerstörung teil. Wir sollten uns dem widersetzen und dem Beispiel der Britin Luciana Berger folgen, die der britischen Labour Partei, die zwanzig Jahre ihre politische Heimat war, nach einer abscheulichen Antisemitismuskampagne den Rücken kehrte. Sie hatte zunächst versucht, die Partei von innen heraus zu ändern. Am folgenden Parteitag konnte sie nur noch unter Polizeischutz teilnehmen.

Heute kämpft Berger als eine politisch Unabhängige. Wir werden sehen, wie sich die von ihr mitgegründeten Change UK Partei entwickeln wird. Ihr Ausstieg jedoch war eine unmissverständliche Botschaft, die hoffentlich lange nachhallen wird: Knie vor niemanden nieder und opfere niemals deine Würde.

Vergiss niemals deinen Nächsten zu lieben

Ein Angriff auf eine Minderheit ist ein Angriff auf dich selbst.

Ein einfacher Grundsatz: Wenn jemand wegen seiner Identität und nicht wegen seiner Ideen angegriffen wird, dann betrachte das als einen Angriff auf dich selbst. Das gilt etwa, wenn Trump sagt, der aus Indiana stammende Gonzalo Curiel sei als Richter ungeeignet, weil er »Mexikaner« sei. Und das gilt ebenso, wenn ein chassidischer Mann auf offener Straße in Crown Heights verprügelt wird.

Es ist ein Klischee, aber es trifft zu: Meine Befreiung ist mit deiner Befreiung verbunden. Diesem Grundsatz folgen Organisationen wie HIAS, und nach ihr handelte auch die Jewish Federation of Greater Pittsburgh, die über 650.000 Dollar für die Opfer der Anschläge auf die neuseeländische Moschee gesammelt hat. Bündnisse, die von dir verlangen, dass du einen zentralen Teil deiner selbst verleugnest, sind nicht in Ordnung. Suche solche, die es zulassen, dass du dich als vollwertiger Mensch für das Gemeinwohl einsetzen kannst. Solche Organisationen sind grundsätzlich jüdisch und sollten aufgesucht werden.

Kämpfe zuallererst als Amerikaner

Solltest du diese Zeilen in Amerika lesen, dann ist dein Kampf einfacher. Nicht nur, weil der Antisemitismus hier weniger schlimm ist, sondern auch, weil das Bekenntnis zu amerikanischen Werten – der Hass auf Tyrannen, die Liebe zur Freiheit, die Freiheit des Denkens und der Religionsausübung, die Vorstellung, dass alle Menschen gleich geschaffen sind – auch eines zu jüdischen Werten ist. Und ich kann mir keine wichtigeren Werte vorstellen, für die es sich zu kämpfen lohnt.

Wenn der Antisemit Juden angreift, greift er auch Amerika an. Nicht nur, weil es kein größeres Zeichen für den Zerfall einer Gesellschaft als die Ausbreitung von Antisemitismus gibt, sondern auch, weil amerikanische und jüdische Ideale zusammengehören.

Ich habe Vertrauen in die Grundsätze und Versprechen dieses Landes. Und ich bin überzeugt, dass wir immer noch eine außergewöhnliche Nation sind. Der Kampf gegen den Antisemitismus ist die Pflicht eines jeden Amerikaners, dem es daran gelegen ist, dass seine Nation überlebt, aufblüht und seinen Idealen gerecht wird – Ideale, deren gegenwärtige Zerreißprobe den wenigsten bewusst ist.

Die jüdische Gemeinschaft – zwei Prozent der Bevölkerung – kann dieses Problem unmöglich allein bewältigen. Wir müssen darauf bestehen, dass die Gesellschaften, in denen wir leben, gegen Antisemiten Stellung beziehen, denn diese stellen die größte Bedrohung für den Zusammenhalt einer Zivilisation dar.

Wir müssen aufdecken, auf welche Weise die extreme Rechte und die extreme Linke Lügen über Amerika verbreiten. Weiße Rassisten lügen etwa, wenn sie behaupten, ein kulturelles Vorrecht zu besitzen. Dafür löschen sie das lebendige biblische Erbe aus, das die Gründer antrieb und das die Glocke, die 1776 zur Unterzeichnung der Unabhängigkeitserklärung läutete, ziert.[39] Diese Glocke erhielt ihren uns heute bekannten Namen – Freiheitsglocke – erst im Jahrhundert darauf, als die Abolitionisten sie und ihre biblische Inschrift als Emblem der universellen Freiheit übernahmen. Linksradikale, die darauf bestehen, Juden seien weiße Kolonisatoren in einem fremden Land, löschen die Geschichte eines Ortes aus, an dem das »Proclaim Liberty« zuerst verkündet wurde.

Diejenigen auf der äußersten Rechten flirten mit dem Hakenkreuz, die auf der äußersten Linken verherrlichen Hammer und Sichel: Sie hissen die Fahnen der von uns besiegten Feinde. Das Amerika, das diese Übel bekämpft hat, ist das Amerika, für das wir kämpfen, wenn wir uns

39 »Liberty Bell« (Freiheitsglocke) ist der Name einer Glocke, die zur Verlesung der amerikanischen Unabhängigkeitserklärung zum ersten Mal geläutet wurde. Auf ihr steht die biblische Inschrift »Proclaim Liberty throughout all the land unto all the inhabitants thereof.« (Verkünde Freiheit im ganzen Land und für alle seine Bewohner.) (A.d.Ü.)

gegen Antisemitismus zur Wehr setzen. Wenn du dieses Land liebst, wenn du die Freiheit und den Liberalismus im weitesten Sinne liebst, ist es auch in deinem Interesse, dieses Gift zu bekämpfen. Tu es nicht nur der Juden wegen. Tu es für dich selbst und deine Familie. Tu es für das Land, das wir uns alle teilen.

Wo immer du bist, stimme für die Freiheit

Juden prosperieren in freien Gesellschaften, weil wir sie durch unsere Existenz repräsentieren. Die jüdische Überzeugung, dass jeder Mensch nach Gottes Ebenbild erschaffen ist und dass das Anbeten falscher Götzen immer abzulehnen ist, stellt, solange es Juden gibt, eine Bedrohung für Imperien, Diktaturen und Sklavenstaaten dar. In den Worten von Rabbi Jonathan Sacks: »Weil Juden auf die Würde und die Freiheit des Einzelnen bestanden, waren sie in Imperien stets Störfaktoren.« Je mehr eine Gesellschaft die Freiheit schätzt, desto besser gedeihen die Juden.

Es ist wichtig, sich dies in Erinnerung zu rufen, wenn wir über unser Wahlverhalten nachdenken. Es ist eine leichte Abwandlung der Kippa-Frage: Will diese politische Partei, diese Bewegung, diese Organisation, diese Aktivistengruppe – was auch immer – Teile meines Selbst beschneiden? Oder muss ich, um akzeptiert zu werden und sicher zu sein, meine wahren Ansichten oder Teile meiner selbst verbergen? Suche und unterstütze Politiker, Parteien und Organisationen, denen daran gelegen ist, dass du vollkommen du Selbst sein darfst.

Bewahre deinen Liberalismus

Ich glaube nicht, dass wir wieder in den 1930ern leben. Aber ich sehe, dass viele Menschen das so empfinden – und das drückt sich in ihren politischen Ansichten aus. Man wird vor die Wahl gestellt, ob man Nazi oder Kommunist ist? Diejenigen, die bis vor kurzem noch Mitterechts standen, wenden sich jetzt gegen den Liberalismus selbst. Diejenigen, die einst moderate Linke waren, tun dasselbe aus unterschiedlichen Gründen. Die einen beten zunehmend den Staat an, die anderen die Verstaatlichung.

Dafür gibt es einen guten Grund: Die Mitte ist weggebrochen, und da es den Menschen missfällt politisch obdachlos – also moderat – zu sein, schließen sie sich zunehmend extremen Bewegungen an, die sie mit Stammestreue belohnen.

All das schadet einer gesunden Demokratie und es schadet auch den Juden. Die Anbetung des Staates, die wir bei der nationalistischen Rechten beobachten, ist die Anbetung eines falschen Gottes. Und auch die extreme Linke, die die Gruppe über die Würde des Einzelnen stellt, betet einen Götzen an. Aus der Geschichte wissen wir, dass beides zu einem Blutvergießen führt.

Unterstütze Israel

Wenn Juden heutzutage in Paris, London, Budapest oder San Diego am Esstisch zusammensitzen und sich fragen, ob es Zeit ist, erneut die Koffer zu packen, die Juden seit Jahrtausenden schon mit sich herumtragen, dann unterscheiden sich ihre Ängste und Sorgen dennoch von denjenigen die es vor 1948 gab. Wir wissen, dass wir, wenn es sein muss, morgen in einen Staat mit einer Armee und Atomwaffen umziehen können. Dieses Gefühl der Sicherheit, das die Existenz Israels vermittelt, kann gar nicht hoch genug eingeschätzt werden. Es macht das Leben in einem unsicheren Brooklyn oder Toulouse möglich. Wer dies leugnet, belügt sich selbst und die anderen.

Israel zu unterstützen, bedeutet nicht – kaum zu glauben, dass ich das extra betonen muss –, es niemals zu kritisieren. Im Gegenteil, es bedeutet, von Israel zu verlangen, dass es seinen Idealen gerecht wird. Aber es ist auch wichtig, die Schwächen Israels mit der Tatsache in Einklang zu bringen, dass das Land ein politisches und historisches Wunder darstellt.

Mein Kollege Roger Cohen formulierte es in einer Kolumne so: »Ich glaube nicht, dass Juden auf Israel verzichten könnten, genauso wenig wie ich glaube, dass der Mond ein Luftballon ist. Israel zu kritisieren ist unerlässlich; es zu verleugnen, stellt für Juden eine Form von geschichtsblindem Irsinn dar.«

Dass ich heute als Feministin in einem Tank-Top durch die Straßen Tel Avivs gehen kann, dass es eine freie und emanzipierte Gesellschaft mitten im Nahen Osten gibt, ist eine solch große Errungenschaft, dass sie für viele Menschen oft schwer zu begreifen ist. Wir sollten uns bemühen, ihre Bedeutung zu würdigen.

Bewahre das David-und-Goliath-Paradox

In der jüdischen Welt haben sich Risse aufgetan: die Kluft zwischen Amerikanern und Israelis, zwischen der älteren, eher konservativen, und der jüngeren, liberalen Generation. Aber ich denke, die wichtigste Trennung besteht zwischen zwei Fraktionen, die ich die David- und die Goliath-Menschen nenne.

David-Menschen gehen davon aus, dass Juden immer belagert werden, der nächste Massenmord kurz bevorsteht, dass Israel ein winziger Außenposten in einer feindlichen Nachbarschaft ist. Während die David-Leute ein Weitwinkelobjektiv haben, benutzen die Goliath-Menschen eine Makroeinstellung. Sie finden, dass Juden es richtig gut haben, dass unsere Macht unsere Verwundbarkeit bei weitem übersteigt und dass wir im Konflikt mit den Palästinensern ganz deutlich die Oberhand haben. Die zwei Versionen haben etwas Wahres. Die Herausforderung und das Ziel besteht darin, beide in Spannung zu halten.

Baue eine Gemeinschaft auf

Institutionen sind von Natur aus konservativ. Ihr Streben nach einem Konsens habe ich oft als enttäuschend empfunden. Aus Angst, die ein oder andere Anhängerschaft zu vergraulen, beschränken sie sich auf das Veröffentlichen weichgespülter Presseerklärungen. Anstatt wichtige Dinge anzugehen, verlieren sie sich in Ausschüssen, Arbeitspapieren und anderen Scheintätigkeiten.

Die Gemeinschaft hingegen hat mich nie enttäuscht, sondern gab mir die Kraft, weiterzukämpfen. Sie ist ein Spiegelbild des jüdischen Volkes. Sie erstreckt sich über viele Zeitzonen, Staaten und Länder, aber sie hat eine gemeinsame Sprache und gemeinsame Ziele.

So wie man im Judentum fast nichts allein machen kann – um etwa einen Minjan zu bilden, sind zehn Mitstreiter nötig –, so ist man auch im Leben auf Andere angewiesen. Der Kampf gegen den Antisemitismus setzt eine Gemeinschaft voraus, die sich die Makkabäer zum Vorbild nimmt. Finde diese Gemeinschaft. Sollte es sie noch nicht geben, dann baue sie auf.

Multipliziere, statt zu teilen

Hierbei handelt es sich um die kluge kommunale Arithmetik, die mein Freund Liel Leibovitz in den Tagen nach der Schießerei in Pittsburgh beobachten konnte. Wie er für *Tablet* schrieb:

»Es ist nicht so, dass die Menschen hier Mitglied einer Synagoge sind und sich weigern, auch nur einen Fuß in eine andere zu setzen. Vielmehr schließen sie mehrere Mitgliedschaften ab, gehen in das eine Haus, um mit Freunden zusammen zu sein, in ein anderes, um einen weisen Rabbiner sprechen zu hören, und in ein drittes, um einer schönen Liturgie zu folgen. Ein zurückhaltender orthodoxer Einwanderer, der vor dem antisemitischen Klima in Paris nach Pittsburgh geflüchtet war, erzählte uns, dass die Synagogen der Stadt während des Schabbat Teshuvah, dem Schabbat zwischen Rosch Haschana und Jom Kippur, einen gemeinsamen Rabbi ernennen, der für alle Gemeinden spricht. Das bedeutet nicht, dass wichtige Unterschiede theologischer, politischer oder emotionaler Art nicht beachtet oder respektiert werden. Aber man sorgt dafür, dass sie nicht so gefräßig und unkontrollierbar werden, dass sie die Gemeinschaft, die darauf besteht, mehr zu sein, als die Summe ihrer Teile, zerstören.«

Amen

Wenn du dich allein wiederfindest, sei gewiss, dass du dich in guter Gesellschaft befindest

Einsamkeit begleitet die Juden, seit es sie gibt. Kann man sich eine einsamere Geschichte vorstellen als die von Abraham?

Ein Mann, der von Gott berufen wurde, die Götzen seines Vaters und seiner Gemeinschaft zu zerschlagen, die vertraute Stadt zu verlassen und ein Nomade zu werden. Alles aufgrund des göttlichen Versprechens, Vater einer großen Nation werden zu können. Und während er diesem Weg folgte, forderte der gleiche Gott ihn auf, seinen Sohn Isaak zu Opfern. Wahrlich kein einfaches Leben.

Die Geschichte Abrahams, eines Mannes, der sich radikal gegen die herrschende Orthodoxie stellte, ist eine zutiefst jüdische. Man muss nicht an ihre buchstäbliche Wahrheit glauben, um von ihren Idealen beeindruckt zu sein: Bete keine falschen Götzen an und bringe den Mut auf, den Mitmenschen zu widersprechen.

Die heutigen Götzen sind abstrakter als die Keramiken, zu denen Terah, Abrahams Vater, betete. Sie nehmen die Form von Macht und Ruhm an. Und die Versuchung, die eigenen Überzeugungen zu verbergen, um Karriere zu machen, nicht aufzufallen und beliebt zu sein, ist allzu verlockend.

In politischer Hinsicht ähneln die amerikanischen Juden von heute ihren nomadischen Vorfahren. Angesichts unserer Einsamkeit obliegt es uns, Abraham zu folgen. Wir müssen den Mut aufbringen zu sagen: Ja, wir sind anders. Wir sind Teil einer Tradition, die viel größer ist als der heutige politische Augenblick – eine Tradition, die uns helfen wird zu überstehen. Wir müssen den Mut aufbringen, um uns abzugrenzen, uns nicht der Masse zu beugen, nicht dem Gruppendenken nachzugeben. Das Bewusstsein, Teil eines Volkes zu sein, das Idole zertrümmert, sollte uns stolz machen und uns Kraft geben.

Wenn du genau weißt, wofür du kämpfst, weißt du auch wann du dich allein zur Wehr setzten sollst

Da lifnei mi atah omed. Wisse, vor wem du stehst. Dieser Satz steht in vielen, wenn nicht sogar den meisten Synagogen der Welt über der Bundeslade geschrieben.

Vielleicht bist du einer der glücklichen Menschen, die sich sicher sind, vor Gott zu stehen. Ich versuche so zu leben, als wäre das der Fall. Charles Krauthammer stellte sich mir einmal als Shinto-Juden vor, was mir sehr gut gefiel. Er spielte damit auf die Ahnenverehrung an – aber Juden verehren ihre Ahnen ohnehin, was ihm sicherlich bekannt war. Dreimal täglich beten wir zum Gott Abrahams, Isaaks und Jakobs, Sarahs, Rebekkas, Rachels und Leas und sprechen all ihre Namen aus.

Ich stehe vor der Tapferkeit und den Opern meiner Vorfahren. Ich stehe vor dem Ikonoklasmus Abrahams und Sarahs. Ich stehe vor Rabbi Akivas Glauben und Hannah Seneschs Mut. Ich stehe vor der Unerschrockenheit der Makkabäer, vor dem Mitgefühl Ruths, dem Optimismus Anne Franks und der Kühnheit Ben-Gurions.

Dies ist mein Erbe, das Vermächtnis, auf das ich stolz bin. Dies ist die Tradition, der ich angehören möchte, egal, wie gering meine Rolle sein mag. Und es handelt sich nicht um eine Tradition, die sich durch Blut begründet. Die biblische Ruth war bekanntlich eine Konvertitin, die aus der verhassten Volksgruppe der Moabiter stammte. Sie verließ ihren Stamm, um ihre Mutter zurück in das Land Israel zu begleiten. Die Juden gingen davon aus, dass sowohl König David als auch der Heiland selbst aus Ruths Abstammungslinie folgen würden.

Mit anderen Worten: Es ist keine Verbindung des Blutes, sondern eine der Wahl. Schau nach vorne und zurück. Wen lädst du ein, Teil unseres ewigen Bandes zu werden?

Wie es Walker Percey einst formulierte:

»Warum findet es niemand bemerkenswert, dass es heute in den meisten Städten der Welt Juden gibt, aber nicht einen einzigen Hethiter? Dabei hatten die Hethiter eine blühende Zivilisation, während die Juden, die in ihrer Nähe lebten, ein schwaches und unscheinbares Volk waren. Wenn man in New York oder New Orleans oder Paris oder Melbourne einem Juden begegnet, ist es erstaunlich, dass niemand diese Tatsache für bemerkenswert hält. Was machen sie hier? Aber noch verwunderlicher ist es, sich zu fragen: Wenn es hier Juden gibt, warum gibt es dann nicht auch Hethiter? Wo sind die Hethiter? Zeigen Sie mir einen einzigen Hethiter in New York City.«

Ich weiß nicht, warum große Reiche untergegangen sind, aber Millionen von Juden auf der ganzen Welt rezitieren das Schma Israel[40] immer noch in derselben Sprache. Wir werden die Frage, warum das so ist, vermutlich nicht beantworten könne, aber wir können zumindest für dieses Wunder dankbar sein.

40 Das »Schma Israel« gehört zu den wichtigsten Gebeten des Judentums und ist ältester Ausdruck jüdischen Selbstverständnisses. (A.d.Ü.)

Stütze dich auf das Judentum

Im Dezember 1897 verfasste Theodor Herzl einen kurzen Aufsatz mit dem Titel »Die Menora«. Es ist eindeutig, dass die Person, von der der gleichnisartige Text handelt, Herzl selbst ist. Ein äußerst zeitgemäßer Text, der ebenso von vielen heutigen Juden handeln könnte. Er beginnt mit den Worten:

»Es war ein Mann, der hatte die Not, ein Jude zu sein, tief in seiner Seele empfunden. Seine äußeren Umstände waren nicht unbefriedigend. Er hatte sein genügendes Auskommen und auch einen glücklichen Beruf, indem er das schaffen durfte, wozu ihm sein Herz hinzog.«

Vielleicht findest du dich in diesen Zeilen wieder.

Und weiter heißt es:

»Es geschah ihm nun, dass er durch diese inneren und verschwiegenen Leiden auf deren Quelle, also auf sein Judentum, hingelenkt wurde und was er in guten Tagen vielleicht nie vermocht hätte, weil er davon schon so ferne war: Er begann es mit einer großen Innigkeit zu lieben. Auch von dieser wunderlichen Zuneigung gab er sich nicht gleich deutliche Rechenschaft, bis sie endlich so mächtig war, dass sie aus dunklen Gefühlen zu einem klaren Gedanken erwuchs, den er dann auch aussprach. Es war der Gedanke, dass es aus der Judennot nur einen Ausweg gebe, und zwar die Heimkehr zum Judentum.

Als dies seine besten Freunde erfuhren, die sich in ähnlicher Lage befanden, wie er selbst, schüttelten sie über ihn die Köpfe und meinten, er wäre in seinem Geiste verwirrt geworden. Denn wie könne das ein Ausweg sein, was ja nur die Verschärfung und Vertiefung des Übels bedeute. Er aber dachte, dass die sittliche Not so empfindlich wäre, weil den neuen Juden jenes Gegengewicht abhanden gekommen sei, das unsere starken Väter in ihrem Inneren besaßen.«

Es ist erstaunlich, wie weit Herzl in so kurzer Zeit gekommen war. Im Jahr 1893 schlug er in gedruckter Form die Massenkonversion der österreichischen Juden im Wiener Stephansdom vor. Mit der Zeit befreite er sich jedoch von solch verzweifelten Maßnahmen und begann die Antwort in der Bibel zu suchen. Sie bestand darin, dass Juden sich für das Leben entscheiden sollten – für ein ganzes Leben, nicht nur für ein partielles. Die Antwort ist heute noch dic gleiche.

Yisroel Goldstein handelte am Morgen des 27. April 2019 ganz im Sinne unserer Vorfahren. Man hatte ihm zwei Finger abgeschossen, von denen später nur einer gerettet werden konnte. Doch bevor er sich ins Krankenhaus bringen ließ, sprach er diese Worte der Tora: »In jeder Generation erheben sie sich gegen uns, um uns zu vernichten; und der Heiland, gepriesen sei Gott, rettet uns aus ihrem Griff. Am Yisrael Chai. Das Volk Israel lebt.«

Pflege deine jüdische Identität – und die Identität deiner Mitmenschen

Vielleicht entscheidet man sich dazu, jeden Schabbat mit einem Abendessen zu feiern. Oder man entscheidet, dass die Kinder eine jüdische Tagesschule besuchen sollen. Oder man bucht eine Reise nach Israel, schaut sämtliche Folgen der Netflix-Serie *Shtisel*, liest die Poesie von Yehuda Amichai oder die Rome von David Grossman und Geraldine Brooks. Man kann auch eine jüdische oder israelische Zeitung abonnieren oder an die bevorzugte Wohltätigkeitsorganisation spenden.

Die Pflege und Stärkung der jüdischen Identität mag nicht als offensichtlicher Weg zur Bekämpfung des Antisemitismus erscheinen, aber sie ist tatsächlich eine unserer stärksten Waffen. Das gilt besonders für Eltern, die ihre Kinder zu gebildeten, stolzen und glücklichen Juden der nächsten Generation erziehen möchten.

Als ich zuletzt in Jerusalem war, fragte ich Nathan Sharansky, einer meiner persönlichen Helden, ob es möglich sei, Menschen beizubringen mutig zu sein. Von allen Menschen, die ich je getroffen habe, war er wohl am besten in der Lage, diese Frage zu beantworten, da er für seinen Versuch, nach Israel auszuwandern, zu neun Jahren Gulag-Haft verurteilt wurde. Während seiner Isolation spielte er im Geiste Schach, um nicht verrückt zu werden. Was dieser unglaublich mutige Mann über die Erziehung zur Tapferkeit zu sagen hatte war: »Man kann niemandem beibringen, mutig zu sein. Man kann ihnen nur zeigen, wie gut es sich anfühlt, frei zu sein.«

Eine einzige Person kann die Geschichte verändern. Könntest du diese Person sein?

Wenn wir eines aus der Geschichte lernen können, dann ist es, dass ihr Ausgang nie vorherbestimmt ist. Hätte Churchill nicht eine einzigartige Entschlossenheit besessen, würden wir heute vielleicht alle Deutsch sprechen.

Herzl war ein assimilierter, wohlhabender Jude, der kaum Hebräisch konnte. Der Journalist und Dramatiker wandte sich seiner Gemeinschaft zu und nahm den Glauben in sich auf, weil der Antisemitismus seines direkten Umfeldes ihn zu einer radikalen Lösung drängte. Im Jahr 1896 schrieb er ein schmales Buch, in dem er seine Argumente darlegte: »Der Judenstaat«. In dem Text heißt es: »Die Nothlage der Juden wird niemand leugnen. In allen Ländern, wo sie in merklicher Anzahl leben, werden sie mehr oder weniger verfolgt.« Der einzige Ausweg sei die Rückkehr der Juden zur politischen Souveränität in ihrem angestammten Land nach mehr als zweitausend Jahren des Exils.

Das Buch endet mit folgenden Zeilen: »Darum glaube ich, dass ein Geschlecht wunderbarer Juden aus der Erde wachsen wird. Die Makkabäer werden wieder aufstehen. Noch einmal sei das Wort des Anfangs wiederholt: Die Juden, die wollen, werden ihren Staat haben. Wir sollen endlich als freie Männer auf unserer eigenen Scholle leben und in unserer eigenen Heimat ruhig sterben.«

Zwei Jahre später, 1897, tat er etwas, das vielen wie ein Scherz vorkam: Er berief in Basel den ersten Zionistenkongress ein. Die zweihundert Delegierten wurden gebeten, im Frack zu erscheinen, um die Förmlichkeit und den Ernst des Anlasses zu unterstreichen.

Einer der Teilnehmer schrieb, es handele sich hier nicht mehr um den eleganten Dr. Herzl aus Wien, sondern um einen dem Grabe entstiegenen »königlichen Nachfahren Davids«. Auch Herzl war die historische Bedeutung des Treffens bewusst: »In Basel habe ich den Judenstaat gegründet. Wenn ich das heute laut sagte, würde mir ein universelles Gelächter antworten. Vielleicht in fünf Jahren, jedenfalls in fünfzig wird es Jeder einsehen.«

Er war so zuversichtlich, dass er kurz vor seinem Tod, im Alter von vierundvierzig Jahren, sagte: »Ich möchte in der Gruft neben meinem Vater begraben werden und dort liegen, bis das jüdische Volk meine Überreste nach Israel bringt.« 1949 wurden seine Gebeine nach Israel überführt.

Der geistige Vater des jüdischen Staates war weder ein

Gelehrter noch ein Rabbiner oder ein geborener Anführer. Er war ein Jude, der dem Ruf der Geschichte, dem Ruf seines Volkes folgte.

Wenn ich über Herzls bemerkenswertes Leben lese, kommt mir eine weitere Person in den Sinn, die zur unwahrscheinlichen Retterin ihres Volkes wurde: Königin Esther. Die Purim-Geschichte schildert sie als assimilierte Ehefrau des Königs, die es bis in die höchsten Ränge der persischen Gesellschaft geschafft hatte.

Als Haman, der finstere Wesir des Königs, alle Juden im Königreich töten lassen wollte, hielt sich Esther zunächst zurück. Sich im Namen ihres Volkes an den König zu wenden, hätte sicherlich ihren Tod bedeutet. Ihr Onkel Mordechai sagte ihr aber: »Glaube nicht, dass du allein von allen Juden mit dem Leben davonkommst, weil du dich im Palast des Königs aufhältst. Im Gegenteil, wenn du in dieser Zeit schweigst, wird den Juden von anderem Ort her Hilfe und Errettung zuteil. Du aber und deines Vaters Haus, ihr werdet umkommen. Und wer weiß, vielleicht hast du deine königliche Stellung nicht gerade um diese Zeit willen bekommen hast?«

Betrachte dein eigenes Leben. Vielleicht hast auch du deine eigene königliche Stellung erreicht, um in diesen Zeiten zu handeln. Der Sinn der Macht, die wir akkumuliert haben, besteht nicht nur darin, auf der Seite der Mächtigen zu stehen, wie wir es im Exil gelernt haben. Es kommt darauf an, sie zu nutzen.

Erzähle deine Geschichte

Die richtige – und letztlich einzige – Antwort auf diesen Moment besteht darin, ein affirmatives Judentum zu praktizieren.

Das ist es, was Lori Gilbert-Kaye, die in Poway ermordet wurde, tat. Wenn jemand krank war, eine Mahlzeit brauchte oder eine Fahrgelegenheit zur Chemotherapie, dann war sie zur Stelle. Sie verschenkte Osterkörbchen an Kinder, obwohl das nicht gerade eine jüdische Tradition ist. Jeder, der sie kannte, beschrieb Lori als eine Verkörperung von Hesed.[41] Sie ist das Beste des jüdischen Volkes, und wir sollten uns ihr Leben als Beispiel nehmen.

Ein anderer meiner Rabbiner, Noa Kushner von der Organisation The Kitchen in San Francisco, sagte am Schabbat nach Poway: »Nur die lebendige Thora, nur das, was in diesem Raum und an vielen anderen Orten stattfindet, nur der Schabbat, nur die lebendige Thora kann eine angemessene Antwort auf sinnlose Zerstörung sein. Nicht nur, weil diese Rituale und Arten zu leben an die Lebenden gerichtet sind, sondern weil diese Gebote uns helfen, die Teile von uns zu schützen, die kein Zaun schützen kann.«

Die Krankheit des Antisemitismus bekämpft man, indem man unsere Geschichte – die epische Geschichte unseres Volkes – erzählt. Vor allem die jüngere Generation muss sie hören.

Wie groß ist die Wahrscheinlichkeit, dass das Volk Israel, das in den Worten Moses in die fernsten Gegenden der Erde vertrieben wurde, nach zweitausend Jahren des Exils, der Verfolgung, der Zerstörung, der Vertreibung und der

41 »Hesed« ist ein hebräisches Wort, das Freundlichkeit oder Liebe zwischen Menschen bedeutet. (A.d.Ü.)

Beinahe-Ausrottung tatsächlich in sein altes Land zurückkehren würde, um sich den Verbliebenen anzuschließen? Dass ein Volk überleben und gedeihen könnte, das so verachtet wurde? Das sind irdische Wunder, die nicht minder erstaunlich sind als die Teilung des Roten Meeres.

Wir sollten diese epische Geschichte erzählen, besonders der jüngeren Generation.

Wir dürfen unsere Geschichte nicht verwässern. Große Ideen haben mein Leben geprägt. Nichts war einflussreicher als das Gefühl, ein Teil der jüdischen Geschichte zu sein, ein winziges Glied in einer gemeinsamen Geschichte. In diesen schwierigen Zeiten besteht unsere beste Strategie darin, ohne Scham ein Judentum, ein jüdisches Volk und einen jüdischen Staat aufzubauen, die nicht nur sicher und widerstandsfähig sind, sondern auch selbstbewusst, bedeutungsvoll, fruchtbar, menschlich, voller Freude und Lebensbejahung. Ein Judentum, das in der Lage ist, ein Feuer in jeder jüdischen Seele zu entfachen – und in den Seelen all derer, die ihr Los mit dem unseren vereinen.

Es gibt viele Kräfte in unserer Welt, die erneut darauf bestehen, dass alle Juden sterben müssen. Aber es gibt eine Kraft, die viel, viel größer ist als sie: Die Kraft dessen, was wir sind. Wir sind ein Volk, das von Sklaven abstammt. Ein Volk, das der Welt Ideen schenkte, die den Lauf der Geschichte änderten. Der alleinige Gott. Die Menschenwürde. Die Unantastbarkeit des Lebens. Die Freiheit selbst.

Das ist unser Vermächtnis. Das ist unser Erbe. Wir sind das Volk, das den Auftrag hat, Licht in diese Welt zu bringen.

Glauben wir an unsere eigene Geschichte? Können wir sie noch einmal wahr werden lassen? Ich glaube, dass wir das können. Und das müssen wir auch.

Danksagungen

Es gibt zahllose Menschen, die meine Gedanken zu diesem Thema geprägt haben, aber ich möchte mich dennoch ausdrücklich bei denjenigen bedanken, die mein Projekt direkt unterstützt haben.

Ich bin stolz darauf, von Kathy Robbins vertreten zu werden. Durch sie hatte ich das Glück, bei Gillian Blake von Crown Publishing unterzukommen, das dieses Buch mit großer Sorgfalt und in einem halsbrecherischen Tempo – eine eher seltene Kombination – herausgebracht hat. Mein Dank gilt dem gesamten Team von Crown, insbesondere Julie Cepler, Dyana Messina und Caroline Wray. Evan Camfield und Bonnie Thompson hielten mir den Rücken frei und Penny Simon hat großartige Arbeit geleistet. Vielen Dank auch an Casiana Ionita, meine Lektorin bei Penguin Press in Großbritannien.

Seth Siegel und sein Team haben sich unermüdlich dafür eingesetzt, mich mit dem richtigen Publikum zusammenzubringen. Dankbar bin ich auch meinen Freunden bei der Singer Foundation, der Schusterman Foundation und der Anti-Defamation League, insbesondere Jonathan Greenblatt und David Weinberg. Dieses Buch wäre ohne die Weisheit und Führung von Jonathan Rosen und die Unterstützung durch seine Familie – die ich als meine zweite erachte – nicht zustande gekommen. Alle Fehler auf diesen Seiten sind meine eigenen, aber ich stehe in der Schuld von Hillel Ofek, Adam Rubenstein, Alex Zeldin und Sam

Zieve-Cohen, die mich bei der Überprüfung der Fakten und der Recherche unterstützt haben. Das Wissen von David Samuels war von unschätzbarem Wert.

Ich bin meinem ersten Zeitungsredakteur, David B. Green bei *Ha'aretz*, und Seth Lipsky dankbar, der mir meinen ersten Job im Journalismus bei der *New York Sun* verschaffte. Schreiben und Redigieren habe ich beim *Wall Street Journal* gelernt, und niemand hat mir mehr beigebracht als Bret Stephens.

Ich arbeite nicht mehr bei *Tablet*, werde aber immer stolz auf meine Zusammenarbeit mit einer Zeitschrift sein, die es geschafft hat, die Themen dieses Buches um Monate, manchmal Jahre vorwegzunehmen. Ebenso stolz bin ich auf meine Freundschaft mit Stephanie Butnick und Liel Leibovitz. *Tablet* wird von meiner geschätzten Freundin Alana Newhouse geleitet, die einer der bedeutenden Impresarios der amerikanisch-jüdischen Gemeinschaft ist.

Die *New York Times* ist mit nichts zu vergleichen. Ich hatte das Glück, dort mit Honor Jones, meinem Redakteur, und James Bennett und Jim Dao zu arbeiten, die mich und dieses Projekt von Anfang an unterstützt haben.

Bill Maher und die Mitarbeiter von *Real Time* haben sich stets als großzügig und herzlich erwiesen. Im gemeinsamen Kampf gegen Antisemitismus bin ich dankbar, dass ich Neil Blair, Noam Dworman, Dara Horn, Robbie Kaplan, Alex Levy, Dan Loeb, Meghan McCain, Richard und Lisa Plepler, Lynn Schusterman, Susan Silverman, Dan Shapiro, Natan Sharansky, Matthew Weiner und Einat Wilf kennenlernen durfte. Ich bin dankbar dafür, dass ich die Freundschaften zu Dan Ahdoot, Meryl Ainsman, Frank Bruni, Daniella Greenbaum Davis, Caitlin Flanagan, David French, Matti Friedman, Josh Glancy, Jeffrey Goldberg, Mark Horowitz und Jennifer Senior, Terry Kassel,

Jamie Kirchick, Eli Lake, Bernard Henri-Levy, Gady Levy, Deborah Lipstadt, Andy Mills, Michael Moynihan, Tariro Mzezewa, Michael Oren, Abby Pogrebin, Nancy Rommelmann, Julie Sandorf, Dan Senor, Cindy Shapira, Ruth Wisse, und Brian Zittel vertiefen konnte.

Jeder Jude braucht einen Rabbiner. Zum Glück habe ich gleich mehrere davon. Mein besonderer Dank gilt Angela Warnick Buchdahl, Jamie Gibson, Daniel Gordis, David Ingber, Noa Kushner, Danny Schiff, Motti Seligson, Mychal Springer, Joseph Telushkin und David Wolpe. Yossi Klein Halevi, der nie eine Rabbinerschule besucht hat, ist für mich seit dem Studium ein Rabbiner.

Ich habe das Glück, David Busis, Leora Fridman, Avromi Kanal und Sarah Shaw, David Levinson, Leslie Niren, Tina Romero, Evan Hepler-Smith, Ilana Tarr und Thomas Whittington an meiner Seite zu wissen. Das Marine Corps der Vereinigten Staaten hat ein inoffizielles Motto, das von General Jim Mattis geprägt wurde: kein besserer Freund, kein schlimmerer Feind. So denke ich auch über die folgenden Personen: Ariel Beery, David und Allie Droz, David und Sarah Feith, Rachel Fish, Jordan und Samara Hirsch, Aharon Horowitz, Daniella Kahane sowie Ben und Ali Kander.

Vor allem aber möchte ich mich bei Jen Spyra und Benjy Shaw bedanken.

Nellie Bowles verschaffte mir ein Zuhause in Kalifornien, während ich dieses Buch schrieb. Wohin ich auch gehe, spüre ich die Unterstützung der Familien Weiss, Steiner, Mullen, Kander, Carpenter und McCafferty aus Pittsburgh. Meine geliebten Schwestern Casey, Molly und Suzy sind der Stamm unter meinen Stämmen.

Und schließlich meine Eltern, Amy und Lou Weiss. Die größte Ehre meines Lebens ist es, ihre Tochter zu sein.

Für meine Großeltern.

Andy Weiss, der den Fremden stets willkommen hieß.

Und für Jack Weiss, Kyle Steiner und Sandy Steiner.

Mögen sie in unserer Erinnerung weiterleben.

Inhalt

Geleitwort
von *Remko Leemhuis* – 5

Kapitel 1: Aufwachen – 9

Kapitel 2: Eine kurze Geschichte – 33

Kapitel 3: Die Rechte – 55

Kapitel 4: Die Linke – 91

Kapitel 5: Radikaler Islam – 137

Kapitel 6: Widerstand – 169

Danksagung – 211